Keller · Das CI-Dilemma

Ingrid G. Keller

DAS CI-DILEMMA

Abschied von falschen Illusionen

2. Auflage

GABLER

Die Deutsche Bibliothek – CIP-Einheitsaufnahme

Keller, Ingrid G.:
Das CI-Dilemma : Abschied von falschen Illusionen /
Ingrid G. Keller. – 2. Aufl. – Wiesbaden : Gabler, 1993

1. Auflage 1990
2. Auflage 1993

Der Gabler Verlag ist ein Unternehmen der Verlagsgruppe Bertelsmann International.

© Betriebswirtschaftlicher Verlag Dr. Th. Gabler GmbH, Wiesbaden 1993
Lektorat: Ulrike M. Vetter

Softcover reprint of the hardcover 2nd edition 1993

Höchste inhaltliche und technische Qualität unserer Produkte ist unser Ziel. Bei der Produktion und Verbreitung unserer Bücher wolle wir die Umwelt schonen: Dieses Buch ist auf
säurefreiem und chlorfrei gebleichtem Papier gedruckt. Die Einschweißfolie besteht aus
Polyäthylen und damit aus organischen Grundstoffen, die weder bei der Herstellung noch
bei der Verbrennung Schadstoffe freisetzen.

Die Wiedergabe von Gebrauchsnamen, Handelsnamen, Warenbezeichnungen usw. in diesem Werk berechtigt auch ohne besondere Kennzeichnung nicht zu der Annahme, daß solche Namen im Sinne der Warenzeichen- und Markenschutz-Gesetzgebung als frei zu be-
trachten wären und daher von jedermann benutzt werden dürften.

Umschlagsgestaltung: Schrimpf und Partner, Wiesbaden
Satz: Satzstudio RESchulz, Dreieich-Buchschlag

ISBN 978-3-663-05799-4   ISBN 978-3-663-05798-7 (eBook)
DOI 10.1007/978-3-663-05798-7

Vorwort

Mitte der 70er Jahre führten wir im Institut für Marktpsychologie Dr. Gert Gutjahr, Mannheim, die ersten Untersuchungen zum Thema Corporate Identity durch. Untersuchungsgegenstand war die Überprüfung der Wirkung von Corporate-Identity-Maßnahmen beim Verbraucher. Wir stellten dabei fest, daß die Maßnahmen zwar eine hohe Akzeptanz, aber kaum Glaubwürdigkeitszuwächse brachten. Ökonomisch meßbare Unternehmenserfolge blieben ebenfalls aus.

Was war passiert? Die Corporate-Identity-Maßnahmen erschöpften sich in neuen Layouts, neuen Firmensignets und einheitlichen Gestaltungsrichtlinien für Druckschriften und Briefbögen. Diese waren von der obersten Führungsebene zusammen mit einer Agentur entwickelt worden.

Die Mitarbeiter („das Fußvolk") betrachteten diese Aktivitäten mit innerer Distanz und Mißtrauen. Gemäß dem Ausspruch von Watzlawik, daß „keiner nicht kommunizieren kann", übermittelten sie im Kundenkontakt und in der sozialen Umwelt diese Skepsis entweder direkt – durch verbale Äußerungen – oder indirekt über ihr Verhalten.

Mit dieser Kommunikation wurde die Absicht des Managements, nämlich mittels eines neuen Erscheinungsbildes den „neuen Geist" des Unternehmens darzustellen, torpediert.

Erste Hinweise dafür, daß die Kommunikation der Mitarbeiter Ursache für die Erfolglosigkeit der Corporate-Identity-Maßnahmen war, lieferten die Interviews mit Kunden und Verbrauchern. Gespräche mit einigen Mitarbeitern konkretisierten diesen Befund.

In den darauffolgenden Jahren haben wir uns dann intensiver mit dem Phänomen CI und seinen vielfältigen Facetten beschäftigt. Dabei war festzustellen, daß das Label Corporate Identity für eine Vielzahl von Einzel-Aktivitäten genutzt wurde, zum Beispiel für Gestaltungsmaßnahmen, Werbung, Public Relations. Es wurde Synonym für Unternehmenskultur, -persönlichkeit und -image und mit Begriffen wie Unternehmensphilosophie und Unternehmensziele gleichgesetzt.

Eines ist allerdings in der damals eher spärlich vorhandenen Literatur nahezu durchgängig hervorgehoben worden, das war die Notwendigkeit eines Unternehmens-Selbstverständnisses. Bei der konkreten Aktivitäten- und

Maßnahmenplanung wurde diesem Sachverhalt jedoch wenig Beachtung geschenkt, und folglich erschöpften sich die Corporate-Identity-Strategien hauptsächlich in Design- und Kommunikations-Aktivitäten.

Die Beschäftigung mit Corporate Identity führte relativ schnell von der marktpsychologischen zur organisationssoziologischen Betrachtungsweise und zur systematischen Wirkungsmessung innerhalb und außerhalb des Unternehmens. Die externe Wirkung von Corporate Identity kann über die erprobten Methoden der Image-Forschung relativ unproblematisch erfaßt werden. Die Messung der internen Wirkung – Erfassung der Mitarbeiter-Identifikation – stieß hingegen auf einige methodische Schwierigkeiten.

Im Rahmen einer Dissertation habe ich dann versucht, zum einen das Meß-problem durch die Entwicklung eines Mitarbeiter-Identifikations-Tests, genannt Mannheimer-Corporate-Identity-Test, zu lösen. Zum anderen habe ich in einem theoretischen Teil den Versuch unternommen, ein wenig mehr Klarheit in den Begriffs-Wirrwarr um Corporate Identity zu bringen.

Dieses Buch soll ein weiterer Schritt in diese Richtung sein, allerdings in einer etwas pragmatischeren Form, als dies bei wissenschaftlichen Arbeiten der Fall sein kann. Ganz ohne Theorie geht es aber nicht. Insofern könnte man dem Buch auch den Untertitel „Die praktische Theorie" geben.

Durch meine frühere Tätigkeit habe ich viele Firmen und ihre unterschiedlichen Kulturen kennengelernt. Drei unterschiedliche Unternehmen habe ich selbst als Mitarbeiterin erlebt – ein kleines Beratungs- und Forschungsunternehmen, ein mittelständisches, inhabergeführtes Unternehmen und einen Großkonzern. Bei der Deutschen Aerospace schließlich konnte ich von Anfang an als Betroffene und Beteiligte die Problematik der Zusammenführung von vier traditionsreichen Unternehmen mit starken und unterschiedlichen Unternehmenskulturen erleben. Die dabei gemachten Erfahrungen haben sicherlich meinen Blick für das Mögliche, Machbare und Notwendige im Rahmen einer Realisierung von Corporate Identity geschärft.

An dieser Stelle möchte ich mich nochmals bei all meinen Freunden und Gesprächspartnern bedanken, die das Vorhaben, ein Buch zu Corporate Identity zu schreiben, unterstützt haben und mir manche wertvolle Anregung gaben.

München, im Februar 1993   *Ingrid G. Keller*

Inhalt

Einleitung

Lange Zeit galten die sofort nachprüfbaren ökonomisch oder technisch meßbaren Unternehmensleistungen wie Umsatz, Gewinn, Qualität, Patente, Fertigungs-Know-how als die Schlüsselfaktoren für den Unternehmenserfolg. Das Interesse der Unternehmen konzentrierte sich folglich auf diese Faktoren, die Produkte, Dienstleistungen sowie deren Vermarktungsmöglichkeiten.

Die fortschreitende Industrialisierung brachte indes zunehmend eine größere Zahl gleichwertiger Produkte und damit einhergehend eine Verschärfung des Wettbewerbs, der zu Absatzproblemen einzelner Unternehmen führte. Die Unternehmer erkannten: Der Schlüssel zum Erfolg liegt beim Verbraucher, und dieser reagiert nicht rational, nach dem Prinzip des homo oeconomicus, sondern reichlich irrational. Ganze Heerscharen von Marketing-Experten wurden zu Detektiven in Sachen Kundenbedürfnisse, Kundenmotive und Kundenerwartungen. Das Aufspüren von unbesetzten Marktnischen für Produkte und die Möglichkeiten der Wettbewerbsdistanzierung über Imagestrategien gewannen große Bedeutung. Die Angebotsgestaltung wurde vom Markt her bestimmt. Das Unternehmer-Interesse richtete sich am Verbraucher aus, denn Kundenorientierung galt als einer der wesentlichen Erfolgsfaktoren.

Doch mittlerweile kristallisiert sich heraus, daß die inzwischen klassischen Methoden der Unternehmensführung und des Marketing allein nicht mehr ausreichen, den dauerhaften Unternehmenserfolg im Wettbewerbsumfeld zu garantieren. Die Zahl qualitativ vergleichbarer Produkte und Dienstleistungen nimmt weiter zu, die Produkt-Lebenszyklen werden allgemein kürzer, und die Produktprofile nähern sich aufgrund der strikten Anpassung an Kundenbedürfnisse immer mehr einander an.

Den Herstellern ist es deshalb kaum noch möglich, allein über die Produkte und Dienstleistungen das für den Vermarktungserfolg erforderliche Vertrauen aufzubauen. Angebotsvielfalt und mangelnde Konturen erschweren das Wiedererkennen, und die kürzere Lebensdauer beeinträchtigt die Kontinuität. In Zukunft werden die Hersteller mehr als bisher in den Vordergrund treten müssen. Durch einen eigenständigen, glaubwürdigen Auftritt und gleichmäßig gute unternehmerische Leistungen sind sie der Garant für Kontinuität und tragen damit entscheidend zur Vertrauensbildung bei.

Ein weiteres Zeichen unserer Zeit ist die zunehmende Kritikfähigkeit und -bereitschaft der Bevölkerung. Sie verdeutlicht, daß die Menschen sich verändert haben und mit mehr Selbstbewußtsein für ihre Ziele und Lebensgrundlagen eintreten. Unternehmen werden deshalb nicht mehr allein aufgrund ihrer Leistungen, sondern in wesentlich stärkerem Maße nach ihren ethischen Grundsätzen beurteilt.

Vor diesem Hintergrund wächst auch die Bedeutung der Mitarbeiter für den Unternehmenserfolg oder -mißerfolg. Sie sind die Repräsentanten des Unternehmens und Teil der Unternehmensidentität. Durch ihre verbale und nonverbale Kommunikation signalisieren sie dem Marktpartner: „zu unserer Firma kann man Vertrauen haben" – oder nicht. Dies soll allerdings nicht bedeuten, daß das Mitarbeiter-Engagement ausreicht, um den Erfolg zu sichern. Gute Produkte sind gleichfalls notwendig. Nur, Unternehmen mit engagierten Mitarbeitern haben in der Regel auch gute Produkte.

Die Bedeutung des „human capital" als strategischer Erfolgsfaktor scheint erkannt. Sie wird in zahlreichen Veröffentlichungen und Reden von Top-Managern hervorgehoben. Doch die Realität des Unternehmens-Alltags zeigt oft ein anderes Bild. Die vielfach praktizierten Führungsstile und das Führungsklima lassen wenig von der vielzitierten Mitarbeiterorientierung spüren. Ursache dafür ist die häufig anzutreffende psychische und physische Distanz zwischen der obersten Führungsebene und der Basis. In der dabei auftretenden Verkennung der Situation schrumpft deshalb eine Erkenntnis leicht zu einem Lippenbekenntnis.

Die Beschäftigung mit Corporate Identity und die Evolution der Unternehmensidentität ist ein strategischer Ansatz, der mit dazu beitragen kann, diese Distanz zu verringern. Dem Corporate-Identity-Gedanken liegt eine ganzheitliche Sichtweise zugrunde. Demnach kann ein Unternehmen nicht als statisches Gebilde, unabhängig von Zeit, Raum, Menschen und Umfeld gesehen werden. Ein Unternehmen ist ein geschlossenes dynamisches System (Menschen, Know-how etc.), das sich seinerseits in einem größeren dynamischen System (Umfeld) bewegt und verändert.

Damit umfaßt und berücksichtigt Corporate Identity alle Facetten, die für den Unternehmenserfolg verantwortlich sind: Mitarbeiter, Kompetenz, Produkte, Kunden, Öffentlichkeit, Umfeld, Wettbewerb, Kommunikation.

Corporate Identity ist also ein reichlich komplexes Thema, dem eine in sich geschlossene, schlüssige Theorie fehlt. Die Quintessenz davon sind eine

Reihe von Einzelmaßnahmen, die den ganzheitlichen Charakter verwässern. So stand Corporate Identity lange Zeit im Verruf, ein „Modewort" zu sein, eine „militärische Kleiderkammer", eine wirkungslose Facelifting-Maßnahme. Dies ist an sich nicht verwunderlich, betrachtet man die Entwicklung des Corporate-Identity-Gedankens und die Szene der Corporate-Identity-Berater. Je nach professioneller und gedanklicher Prägung wird Corporate Identity noch immer recht unterschiedlich diskutiert und ausgelegt. So wurde Corporate Identity lange Zeit vom Design und der Kommunikation dominiert. Der interne Aspekt hingegen wurde jahrelang negiert, nicht zuletzt deshalb, weil weder die Wissenschaft noch die Praxis Lösungskonzepte anzubieten hatte.

Unternehmensidentität ist eine sehr firmenspezifische und individuelle Angelegenheit. Folglich läßt sich Corporate Identity nicht mit standardisierten Lösungskonzepten realisieren. Auch ist der „american way of corporate identity" sicherlich anders als „Corporate Identity Made in Germany". Doch der Grundgedanke von Corporate Identity ist universell und international.

Insofern besteht das Ziel dieses Buches darin, die Bedeutung und den Grundgedanken von Corporate Identity systematisch darzustellen und aufzuzeigen, welche praktischen Schritte für die Realisierung erforderlich sind.

Dies ist ein Buch für Praktiker, doch, wie bereits erwähnt, ganz ohne Theorie geht es nicht. Deshalb werden im ersten und zweiten Teil die Hintergründe und Grundlagen von Corporate Identity dargestellt, angereichert mit einigen Beispielen aus der Unternehmenspraxis. Teil drei und vier befassen sich mit der Messung und Realisierung von Corporate Identity. Diese beiden Teile sind Leitfaden und Anregung für die Umsetzung im eigenen Betrieb.

Teil 1:

Corporate Identity – Hintergründe

Der Corporate-Identity-Gedanke hat seit seiner Entstehung einige Entwicklungsstufen durchlaufen. Dies war der Verständlichkeit nicht immer zuträglich. Im Verlauf der fortschreitenden Diskussion tauchten neue Erkenntnisse auf, die mit neuen Begriffen belegt wurden. Man glaubte damit nun endlich den Kern der Corporate Identity entdeckt zu haben und Corporate Identity mit dem „anderen" Begriff, zum Beispiel „Corporate Culture" oder „Corporate Image", erklären zu können. Dies trug sicherlich zu einigen weiteren Mißverständnissen bei. Corporate Identity durch Corporate Culture und Corporate Image zu ersetzen sind solche mißverständlichen Erklärungsversuche. Aber Corporate Identity ist mehr. Corporate Culture ist lediglich Teil und Voraussetzung für Corporate Identity, Corporate Image ist das marktpsychologische Ergebnis.

Gerade deshalb erscheint es an dieser Stelle sinnvoll, die Entwicklungsstufen der Corporate-Identity-Praxis und ihre Probleme aufzuzeigen. Sie sollen das Verstehen erleichtern und erkennen lassen, warum so viele Corporate-Identity-Strategien nicht zum Erfolg geführt haben. Sie sollen aber auch aufzeigen, warum Unternehmen – mittel- bis langfristig gesehen – nicht mehr ohne eine klare Corporate Identity auskommen.

1.1 Von der monolithischen zur ganzheitlichen Betrachtungsweise

Der Begriff Corporate Identity wurde zum ersten Mal vor etwa 20 Jahren in den USA von Design- und Werbe-Beratern erwähnt.

Der US-Markt war zu dieser Zeit bereits geprägt durch zunehmende Angebotsvielfalt und Sortimentsbreite einiger Hersteller. Diverse Marktuntersuchungen hatten ergeben, daß die Verbraucher erhebliche Schwierigkeiten hatten, die Produkte nach ihren Merkmalstrukturen zu differenzieren. Noch größer waren die Probleme hinsichtlich der Zuordnung zu einzelnen Herstellern, selbst bedeutenden. Insider kannten die Firmen zwar, dem normalen Verbraucher blieben sie hingegen meist anonym.

Aus der Imageforschung war jedoch bekannt, daß im Sinne eines Imagetransfers die Produkt-Images einen Einfluß auf das Herstellerimage ausüben und umgekehrt. Die Marketingleute gingen somit davon aus, daß die bewiesene Kompetenz eines Herstellers in einem bestimmten Produktbereich sich positiv auf den Absatz eines anderen Produkt-Bereiches desselben Herstellers auswirken würde. Ausgehend davon konzentrierten sich die Anstrengungen nun darauf, den Verbraucher nicht nur über das Produkt, sondern ebenso über dessen Absender, den „kompetenten" Hersteller zu informieren.

Medium dazu war ein konsequent einheitliches Design mit identischen Gestaltungsmerkmalen für das gesamte Unternehmen und seine Produkte. Die visuellen Signale sollten dem Verbraucher die Zuordnung und das Wiedererkennen erleichtern. Die Unternehmer erwarteten sich davon einen positiven Image-Transfer und eine erhöhte Akzeptanz ihrer Produkte.

In diesem Zusammenhang tauchte zum ersten Mal der Begriff Corporate Identity auf. Diese Ära kann deshalb als die erste Stufe der Corporate Identity bezeichnet werden. Ihr wesentliches Kennzeichen war die Entwicklung von Design- und Gestaltungsvorschriften für Drucksachen, Firmensignets, Packungsgestaltungen und anderes.

Diese Maßnahmen erhöhten nicht nur die Wiedererkennungs-Rate beim Verbraucher, sondern erbrachten auch enorme Rationalisierungspotentiale bei der Entwicklung und Herstellung von Werbemitteln und damit eine Senkung der Marketing-Kosten insgesamt.

Das war auch der Grund dafür, weshalb die Gestaltungs-Orientierung lange Zeit die Corporate-Identity-Szene beherrschte.

Ganz in diesem Sinne sind die Äußerungen eines amerikanischen Marketing-Professors im Rahmen einer Vortragsreihe aus dem Jahr 1982 zu interpretieren. Er erklärte die „Grundzüge" der Corporate Identity anhand eines Beispiels aus seiner Beratungs-Praxis für einen Getränkekonzern. Danach bestand seine Corporate-Identity-Beratung in der Entwicklung eines roten Dreiecks als durchgängiges Gestaltungsmerkmal für den Konzern. Dieses Firmensignet wurde konsequent auch auf den Flaschenetiketten eingesetzt, gleichgültig ob bei Bier, Wein, Säften oder Mineralwasser. Marktforschungsergebnisse belegten den positiven Effekt der „Corporate-Identity-Maßnahmen" in bezug auf die Wiedererkennungsrate. In der Tat wurde die Zuordnung von Produkt zu Hersteller erleichtert. Über positive Transferwirkungen im Sinne einer höheren Akzeptanz von Produkten und Hersteller oder gar Markterfolgen wurde nicht berichtet.

Vielfältige Untersuchungen in Deutschland und den USA zeigten vielmehr, daß derartige Maßnahmen allein nichts brachten, weder neue Kunden noch Absatzerfolge. Was fehlte, war eine Botschaft, die die Philosophie des Unternehmens signalisierte und damit dem Design Inhalt und Sinn gab.

Etwa Mitte der 70er Jahre begannen sich zusätzlich die Kommunikationswissenschaftler mit Corporate Identity zu beschäftigen. Die nunmehr andere Ausgangsposition und die Erfahrungen der vergangenen Jahre führten zu einer neuen Interpretation des Begriffs. Corporate Identity wurde jetzt mehr im Sinn von „Unternehmens-Identität", „Unternehmens-Persönlichkeit" interpretiert und die Gestaltungskomponente durch eine inhaltliche Komponente, die Botschaft, ergänzt. Damit begann die zweite Stufe der Corporate Identity. Das erklärte Ziel der CI-Bemühungen bestand nunmehr darin, die Philosophie der Firma nach außen zu kommunizieren, entweder über ein klares, eigenständiges Produkt-Design oder verbal über Slogans.

Vorbilder für eine gelungene Corporate Identity mittels Produkt-Design-Philosophie waren Braun und Olivetti.

Bei Braun hatte man erkannt, daß ein Verbraucher, der ein Produkt von Braun kaufte, nicht nur eine technische Problemlösung erwarb – dies hätten auch andere Produkte, andere Hersteller geboten –, sondern er kaufte eine Design-Philosophie, ein Stück Lebensstil. Braun galt und gilt heute noch als Synonym für gutes Design. Selbst die Übernahme durch Gillette – ein Unternehmen ohne vergleichbare Design-Philosophie und Design-Anspruch – hat daran nichts geändert. Gutes Design ist bei Braun integraler Bestandteil der Unternehmens-Identität. Weder eine andere Führung, noch andere Besitzverhältnisse konnten daran rütteln.

Der Erfolg von Braun hat dazu geführt, daß andere Anbieter vergleichbarer Produkte versucht haben, sich ebenfalls durch Design zu profilieren, es Braun gleichzutun. Dies ist nur ganz wenigen „Spezialisten" in Teilbereichen gelungen.

Dies ist ein Beweis dafür, daß Corporate Identity mehr ist als Corporate Design und sich auch nicht beliebig reproduzieren läßt. CI ist nicht me-toofähig, weil eine komplexe Zahl von Eigenschaften und Handlungsweisen zusammenkommen müssen, die von Firma zu Firma unterschiedlich sind. Einzelne erfolgreiche Eigenschaften kopieren nutzt nichts, denn „das Ganze ist mehr als die Summe seiner Teile".

Nur wenige Unternehmen haben es in der jüngeren Vergangenheit geschafft, durch eine konsequente Design-Politik eine Unternehmensidentität und eine „unique selling proposition" aufzubauen. Erco und Lamy sind positive Beispiele hierfür. Die konsequente Umsetzung der Design-Philosophie im Hause Erco und Lamy – und zwar in allen Bereichen des Unternehmens – hat zu einer einmaligen Eigenständigkeit und Identität beigetragen.

Es gibt allerdings auch eine Reihe von Beispielen, bei denen es nicht gelungen ist, die Verbindung zwischen Design und Philosophie herzustellen. Viele Corporate-Identity-Aktivitäten dürften deshalb, unbeobachtet von der Öffentlichkeit, eingestellt worden sein. Andere Unternehmen wiederum haben die damit aufgetretenen Probleme gelöst und sind zumindest zu einem Teilerfolg gelangt.

So hatte die Dresdner Bank mit ihrem Slogan „Das grüne Band der Sympathie" anfangs wenig Freude. Die Commerzbank mußte ihren Slogan „Die Bank, die ihre Kunden kennt" ändern in „Die Bank an ihrer Seite".

Hintergründe für die Entwicklung dieser Slogans war die zunehmende Öffnung der Großbanken für kleinere Kunden und Privatanleger. Die Slogans sollten diesen Zielgruppen die neue Ausrichtung der Unternehmensphilosophie signalisieren und Schwellenangst abbauen.

Probleme traten dadurch auf, daß mit den Aussagen eine Haltung formuliert wurde, die im Unternehmen selbst nicht vorhanden war. Es fehlte die interne Grundlage insofern, als die Mitarbeiter auf den Umgang mit Großkunden fixiert waren und nun Schwierigkeiten hatten, mit dem „Kleinkunden", dem „kleinen Mann" umzugehen. Der Weg von der elitären Exklusivität zum demokratischen Dienstleister war de facto noch nicht vollzogen. Im direkten Kontakt mit den Mitarbeitern der Banken entstanden deshalb bei der neuen Klientel Enttäuschungen und Negativreaktionen.

Mit den Slogans hatten die Banken lediglich eine Fiktion beschrieben, einen Sollzustand, der zwar in den Köpfen des Managements existierte, dem aber die reale Grundlage des Mitarbeiterverhaltens fehlte. Die Mitarbeiter waren weder gefragt noch darauf vorbereitet worden, fühlten sich somit nicht betroffen und hatten auch kein Interesse daran, sich sonderlich für die Aufrechterhaltung dieses „Scheinbildes" einzusetzen.

Design und Kommunikation sind wichtige Signale. Glaubwürdig ist ein Unternehmen allerdings erst dann, wenn intern Verhaltensgrundsätze im Sinne eines Corporate Behavior existieren, die die Signale ergänzen. Mit anderen Worten: Zunächst muß intern ein Konsens über die eigene Unternehmensidentität und die Unternehmenszielsetzung bestehen. Sie muß als Selbstverständlichkeit in den Köpfen der Mitarbeiter verankert sein. Erst ausgehend davon kann sie nach außen glaubwürdig kommuniziert werden. Ausgangspunkt für jede auf den Markt ausgerichtete Corporate-Identity-

Maßnahme ist deshalb die Identifikation der Mitarbeiter mit dem Unternehmen.

Hierbei muß man in den seltensten Fällen beim Punkt Null anfangen, denn jedes Unternehmen hat eine Identität. Im Verlauf der wirtschaftlichen, sozialen und gesellschaftlichen Veränderungen hat diese Identität allerdings möglicherweise eine partielle Auflösung erfahren, ist in unvereinbare Teile zerfallen und damit weder für den Mitarbeiter noch die Öffentlichkeit nachvollziehbar. Aber nur Mitarbeiter, die die Wertmaßstäbe eines Unternehmens kennen, begriffen und verinnerlicht haben, können auch entsprechend nach außen agieren.

Die „Braunianer" hatten die Design-Philosophie verinnerlicht. Viele von ihnen waren design-besessen, Design-Puristen, und pflegten diesen Stil auch in ihrer privaten Sphäre. Sie haben das Anliegen des Unternehmens zu ihrer eigenen Sache gemacht und brachten dies in ihrem Verhalten zum Ausdruck. Design war die Leitidee im Hause Braun und bildete den Orientierungsrahmen für das Verhalten sowohl innerhalb des Betriebes als auch außerhalb. Diese Denkhaltung wurde an andere, neue Mitarbeiter stets weitergegeben, sie ist deshalb heute noch präsent und lebendig.

Mit der Erkenntnis, daß der innere Geist das entscheidende Moment ist, begann die dritte Stufe der Corporate Identity. Hauptakzent sind nun die internen Gegebenheiten, das Verhalten der Mitarbeiter, die Unternehmenskultur.

Die Solidarisierung und Identifikation der Mitarbeiter mit dem Unternehmen ist eine wesentliche Grundlage dafür, daß die Öffentlichkeit und Geschäftspartner des Unternehmens Vertrauen gewinnen, das Unternehmen glaubwürdig erscheint und somit extern eine Solidarisierung mit dem Unternehmen stattfinden kann. Design und Kommunikation sind Vehikel, mit deren Hilfe die Identität des Unternehmens einem größeren Kreis zugänglich gemacht wird. Voraussetzung dafür ist allerdings, daß die Instrumente widerspruchsfrei und harmonisch miteinander agieren und in Übereinstimmung mit dem tatsächlichen Verhalten der Organisationsmitglieder stehen. Jederzeit wiedererkennbare, leitbildfähige, attraktive Zeichen- und Symbolsysteme erleichtern allerdings den Prozeß der Identifikation, und zwar sowohl der internen wie auch der externen Identifikation.

1.2 Image und Identität –
zur Problematik von Orientierungshilfen

Der Imagebegriff wurde Ende der 50er Jahre in Deutschland eingeführt und ist eine Umschreibung für die Subjektivität von Verbraucherentscheidungen und -verhaltensweisen. Ausgangspunkt für die Beschäftigung mit dem Phänomen der Subjektivität waren Beobachtungen, daß Kaufentscheidungen nicht auf der Basis von objektiven Gegebenheiten getroffen werden, sondern fast ausschließlich aufgrund individueller, subjektiver Wahrnehmungen – Images. Der Prozeß der Image-Bildung wird durch verschiedene Faktoren beeinflußt. Durch werbliche Aktivitäten des Herstellers und intensive Kommunikation im sozialen Umfeld mit Freunden, Bekannten, Verwandten erhält der Konsument eine Vielzahl von Informationen und Eindrücken, die er zu einem ganzheitlichen Bild komprimiert: Er bildet sich eine Meinung zu dem Gegenstand. Je nach individueller Einstellung und Bedürfnislage bewirken die derart konstruierten „Abbilder" Akzeptanz und Attraktivität oder Desinteresse und Ablehnung. Eigene Erfahrungen führen zu einer Stabilisierung und Verfestigung der „Meinung", und „erst häufige von wesentlichen Imagekomponenten abweichende Erfahrungen und glaubwürdige Informationen sind in der Lage, das Vorstellungsbild von einem Gegenstand zu erschüttern."[1]

Dabei sind sich die Verbraucher der Subjektivität ihrer Bewertungen und Handlungsweisen durchaus nicht immer bewußt. So glauben viele Menschen zunächst, daß ein von ihnen präferiertes Produkt gegenüber anderen Produkten Vorteile aufweist. Sie sind geradezu überrascht, wenn sie in einem Blindversuch nicht oder zumindest nicht mit allerletzter Sicherheit die Kaffee- oder Zigarettenmarke herausfinden können, die sie seit Jahren konsumieren.[2]

Überdies entziehen sich viele der gebräuchlichen Image-Dimensionen wie „Qualität", „Wertbeständigkeit", „Langlebigkeit", „Ausgereiftheit", „gesund" der unmittelbaren und objektiven Bewertbarkeit. Dies würde spezifische Fach- und Detailkenntnisse voraussetzen, die in aller Regel fehlen. Der Verbraucher muß also, um sich zu orientieren und eine Entscheidung zu treffen, auf „Images" zurückgreifen, die er sich entweder selbst gebildet oder von anderen Personen übernommen hat.

Die Kenntnis dieses Verhaltens und die Erkenntnis, daß der Image-Bildungsprozeß durch den Hersteller prinzipiell beeinflußbar ist, hat zu einer Vielzahl mehr oder weniger gelungener Image-Kampagnen beigetragen. Im Mittelpunkt standen dabei die Bedürfnisse der Verbraucher und das Versprechen, diese Bedürfnisse zu befriedigen.

Eine Veränderung der Rahmenbedingungen setzten allerdings den Möglichkeiten und Chancen des Image-Managements inzwischen enge Grenzen, denn

- erstens erschwert eine zunehmende Zahl gleichartiger und gleichwertiger Produkte eine Differenzierung, sowohl für die Unternehmen als auch die Verbraucher;
- zweitens akzeptieren die Menschen den vielfach praktizierten, vordergründigen Stil der Image-Werbung nicht mehr so ohne weiteres. Dabei richtet sich die Kritik weniger gegen die Werbung als solche, sondern „im Grunde genommen dagegen, daß der Unternehmer nicht eigentlich den Verbraucher zum Zielgegenstand der Werbung machte . . .; sie richtet sich dagegen, daß die Werbung ein als Verbraucherwerbung und Information getarntes Wettbewerbsinstrument war.“[3]

Differenzierend im Sinne einer Image-Profilierung sind deshalb weniger die Verlautbarungen als die tatsächlichen Handlungen eines Herstellers.

Images werden nach wie vor den Kaufentscheidungs-Prozeß beeinflussen. Die Entstehung von Images wird jedoch durch andere Faktoren determiniert, nämlich die Glaubwürdigkeit und Kontinuität des Unternehmens-Verhaltens. Dies läßt sich nicht durch Absichtserklärungen herbeizaubern. Entscheidend ist, daß eine interne Grundlage, ein entsprechendes Selbstverständnis existieren, die im Verhalten der Unternehmung zum Ausdruck kommen, die verbalen Äußerungen untermauern und Vertrauen stiften.

In diesem Zusammenhang gewinnt die Identität, die innere Haltung eines Herstellers an Bedeutung.

Sozialpsychologisch gibt es zwei Identitätsformen, die für Individuen wie Unternehmen gleichermaßen gelten:

1. Die *individuelle Identität,* das „stets-sich-selbst-gleich-sein“, Kontinuität im Denken und Verhalten, Selbstverständnis und Selbstbewußtsein; sie ist das Ergebnis aus Tradition, Fähigkeiten und Fertigkeiten.
2. Die *soziale Identität,* die Zugehörigkeit zu einer bestimmten Gruppe und Akzeptanz durch diese Gruppe; sie ist das Ergebnis von Kommunikationsprozessen.

Beide Identitätsformen müssen gleich gut ausgeprägt sein, damit die Umwelt die Unternehmung auch wahrnehmen kann.

Bei einer starken individuellen Identität, aber fehlender Außenkommunikation treten Probleme in zwei Richtungen auf: Zum einen werden sie von der Umwelt nicht wahrgenommen, sie bleiben unbekannt, zum anderen besteht die Gefahr, daß die Erfordernisse des Marktes nicht erkannt und deshalb Produkte entwickelt werden, für die am Markt kein Bedarf besteht.

Ein Mangel an individueller Identität hat demgegenüber die totale Anpassung an die Norm der Verbraucherbedürfnisse zur Konsequenz. In diesem Klima können keine eigenständigen, innovativen und kreativen Leistungen gelingen. Die Unternehmung wird damit anfällig gegen Veränderungen der Rahmenbedingungen, hat Probleme, sich in schwierigen Zeiten zu behaupten, denn es fehlt ein eigenständiges Profil.

Für Unternehmen wie Menschen gilt gleichermaßen: Das Wertvollste, was ein Subjekt besitzt, ist seine Identität. Wird diese Identität zerstört, so wird die Existenzgrundlage entzogen, weil keine Kommunikation mehr möglich ist. Anders ausgedrückt heißt dies: Unternehmen brauchen eine wahrnehmbare Identität, sonst sind sie nicht überlebensfähig.

Identität und Image hängen eng miteinander zusammen. Durch intensive Kommunikation mit der Umwelt, durch selbstbewußte Darstellung des Unternehmens und seiner Leistungen und die Kontinuität, mit der dies geschieht, werden relativ stabile Images gebildet, die weniger anfällig für Veränderungen sind.

Die individuelle glaubwürdige Selbstdarstellung in Wort und Tat schafft Bekanntheit, stiftet Vertrauen und verleiht Profil. Die wesentlichen Charakterzüge prägen sich im Bewußtsein des Betrachters ein, verfestigen sich, so daß selbst kleinere Inkonsistenzen im Verhalten das bestehende Vorstellungsbild kaum verändern können. Der Ausspruch von Konrad Adenauer „Was kümmert mich mein Geschwätz von gestern" ist als Teil seines Charakters akzeptiert worden und hat seinem Ansehen grundsätzlich keinen Schaden zugefügt.

1.3 Warum ist Corporate Identity heute ein Thema?

Prinzipiell hat jedes Unternehmen eine Identität. Sie kann sich allerdings im Zeitverlauf unter anderen inneren und äußeren Rahmenbedingungen so verändert haben, daß sie nicht mehr wahrnehmbar erscheint.

Diese Veränderung der Wahrnehmung wird im wesentlichen durch drei Faktoren beeinflußt:

1. Die Unternehmen selbst haben sich verändert;
2. die äußeren Rahmenbedingungen, die Märkte und Wettbewerbsstrukturen haben sich verändert;
3. die Menschen und ihre Wahrnehmungsprozesse haben sich verändert.

1.3.1 Unternehmensinterne Veränderungen

Bei *unternehmensinternen Veränderungen* ist zunächst der Mangel an Führungspersönlichkeiten im Sinne des klassischen Unternehmertums zu beobachten. Unternehmerpersönlichkeiten, wie Krupp, Bosch, v. Siemens, Rathenau oder Behrens, die als personifizierte Leitbilder die Identität der Firma verkörperten, sind rar geworden. Sie waren Patriarchen im traditionellen Sinne, sie dachten gewinnorientiert und verhielten sich autoritär. Gleichwohl haben sie sich Gedanken um ihre Mitarbeiter gemacht und so bahnbrechende soziale Neuerungen wie die Reduzierung der täglichen Arbeitszeit von 12 auf 9 Stunden oder die betriebliche Altersversorgung eingeführt. Dies hat ihnen den Respekt und die Anerkennung durch die Mitarbeiter eingebracht. Sie wurden als „Autorität" und Verkörperung des Firmenstils anerkannt, und die Mitarbeiter waren stolz darauf, für solchermaßen fortschrittliche Unternehmer tätig zu sein. Durch das Fehlen solcher „Persönlichkeiten" ist vielerorts eine Lücke entstanden, die nicht immer ganz geschlossen werden konnte.

Ein weiterer Punkt ist die Veränderung der Gesellschaftsverhältnisse und Aufgabenstrukturen innerhalb der Firmen. Den Familienunternehmen traditioneller Prägung stand ein Unternehmer vor, der sich für alles verantwortlich fühlte und alle Bereiche kannte. Beim Übergang zur anonymen Kapitalgesellschaft wurde die Verantwortlichkeit auf mehrere Personen verteilt. Gefragt waren nicht mehr die „All-Round-Führungspersönlichkeiten", die die Identität der Firma repräsentieren, sondern Manager, die ihre Aufgabengebiete zur Zufriedenheit der Kapitaleigner verwalteten. Für personifizierte Leitbilder, die den Mitarbeitern eine Orientierungshilfe für ihr Verhalten bieten, ist kaum Platz. Zudem wurde vielfach versäumt, Ersatzleitbilder zu etablieren, die einen inneren Zusammenhalt und Zusammenhang fördern. Die Folge war ein Zerfall in viele Teil-Identitäten, die die Wahrnehmung der Unternehmung als geschlossene Einheit erschweren.

Weiterhin ist zu beobachten, daß die Markt- und Wettbewerbsverhältnisse zu anderen Denkstrukturen und Verhaltensweisen geführt haben. Mit dem Ziel der breiteren Absicherung des Unternehmenserfolges ist häufig in Bereiche diversifiziert worden, die mit dem ursprünglichen Geschäft wenig gemeinsam hatten. Einerseits steigt dabei die Gefahr, sich zu „verzetteln", sprunghaft an, andererseits bereitet die Integration der Neuerwerbungen zumeist erhebliche Schwierigkeiten. Die Mitarbeiter der akquirierten Unternehmen wehren sich gegen eine Eingliederung und den Zwang zur Aufgabe der eigenen Identität.

Ein Beispiel dafür sind die Äußerungen der Mitarbeiter einer Firma, die durch die Produktion von Puppen einen relativ hohen Bekanntheitsgrad hatte. Selbst Jahre nach der Übernahme durch ein anderes Unternehmen sprachen die Mitarbeiter noch von „wir, die Schildkrötler" und von der Unternehmensleitung als „die aus Frankfurt".

Diversifikation, Fusion und quantitatives Wachstum tragen mit dazu bei, daß anstelle von wenigen, klaren Unternehmenszielen eine Vielzahl von Einzelzielen formuliert werden. Dabei können Zielkonflikte auftreten, die den inneren Zusammenhalt einer Unternehmung stören. Erschwerend kommt hinzu, daß die Mitarbeiter das Wachstum nicht so ohne weiteres nachvollziehen können, insbesondere dann, wenn es um eine Expansion in neue Geschäftsfelder geht. Aus der Tradition sind innerhalb der Unternehmung ganz bestimmte Fähigkeiten und Fertigkeiten der Mitarbeiter gefördert worden, die vielleicht nicht zu einer „neuen" Geschäftstätigkeit passen. Die Konsequenz daraus ist, daß die Organisation zwar im angestammten Geschäft Hervorragendes leistet, im neuen Bereich jedoch auf erhebliche Schwierigkeiten stoßen kann.

So hatte die BASF Probleme bei der Vermarktung verbrauchernaher Produkte wie Schallplatten oder Cassettenrekorder. Den direkten Umgang mit Konsumenten waren das Unternehmen und seine Mitarbeiter nicht gewohnt, was dazu führte, daß der Erfolg nicht in der erwarteten Form eintrat. Das Unternehmen hat das erkannt und inzwischen einige dieser Aktivitäten wieder eingestellt.

Auch Daimler-Benz (heute Mercedes Benz) hatte mit der Einführung der dritten Baureihe anfängliche Schwierigkeiten. Mit Erweiterung des Angebotes wurde eine Popularisierung der Marke eingeleitet. Mehr Käufer und andere Käuferschichten konnten nunmehr einen „Mercedes" erwerben. Dies war zunächst im Selbstverständnis der Organisation nicht vorgesehen und führte zu Startschwierigkeiten. Die hohe Identifikation der Mitarbeiter mit dem Unternehmen und den Produkten hat allerdings mit dazu beigetragen, daß die anfänglichen Irritationen nicht von langer Dauer waren.

Gravierender für das Unternehmen war die Diversifikations- und Fusionsstrategie hin zum „integrierten Technologiekonzern" Ende der 80er Jahre. Der Erwerb und die Neuformierung von Unternehmen mit einem starken militärischen Anteil wie z. B. MBB führte zu erheblichen Irritationen und zu Ablehnung bei den „Automobilisten". Daß auch der Automobilsektor und die anderen Konzernunternehmen im militärischen und paramilitärischen Bereich bereits aktiv waren, wurde gerne vergessen. Auch wurde übersehen, welche attraktiven zivilen Produkte nunmehr zum Konzern gehörten (z. B. Airbus) und welche faszinierenden neuen Technologien (z. B. Wasserstoff, Supraleittechnik) hinzukamen.

Erschwerend war sicherlich zusätzlich die neue Konzernstruktur. Die „Automobiler" waren nicht gewohnt, „Tochterunternehmen" zu sein und im Außenverhältnis gleichrangig mit Unternehmen wie AEG, Deutsche Aerospace AG, debis AG als Tochter der Daimler-Benz AG zu erscheinen.

Konflikte und Abschottungsbestrebungen waren vorprogrammiert und sind auch nicht von heute auf morgen zu beseitigen. Sicherlich wird die Größe und Bedeutung des Konzerns im globalen Umfeld die Mitarbeiter zum Nachdenken bewegen. Positive Ansätze in diese Richtung gibt es inzwischen genügend. Trotzdem muß sich der Konzern über seine „geänderte, neue Identität" Gedanken machen und identitätsfördernde Maßnahmen ergreifen. Es sind inzwischen viele sinnvolle Maßnahmen eingeleitet worden, z. B. Führungsgespräche, Strategiegespräche, konzernüberprüfende Seminare und, nicht zu vergessen, gezielte Rotation von Mitarbeitern innerhalb des Konzerns.

1.3.2 Veränderte Marktbedingungen

Die Veränderungen der Unternehmen sind häufig eine Konsequenz veränderter *Marktbedingungen*. Sättigungstendenzen und Überkapazitäten in vielen Bereichen verschärfen die Wettbewerbssituation. Die möglichen Innovationssprünge werden kleiner und die Produktionsmethoden ähnlicher. In Korea produziert man schließlich inzwischen mit den gleichen Robotern wie in Europa.

Das hierdurch erzeugte quantitative und qualitative wirtschaftliche Wachstum bedingt eine zunehmende Vielfalt gleichartiger und gleichwertiger Produkte. „Qualität" und „Einzigartigkeit" als Differenzierungsmerkmale verlieren an Bedeutung, denn No-Names oder Billiganbieter erfüllen weitestgehend dieselben Anforderungen wie die teureren Produkte. Markenpersönlichkeiten dienen zwar nach wie vor als Orientierungshilfe und Meßlatte für die Bewertung der Angebote, sie sind jedoch in einigen Bereichen nicht mehr allein kaufentscheidend. Das Risiko, das der Verwender bisher bei einem „anderen" Produkt einging, ist geringer geworden, und folglich wächst die Bereitschaft zum Wechsel.

Die Verschärfung der Wettbewerbssituation hat auch dazu beigetragen, daß in immer kürzeren Abständen neue Produkte und Dienstleistungen auf den Markt kommen oder verschwinden. Damit wird für Anbieter die Chance geringer, über Angebote ein stabiles Image aufzubauen, das sich zudem auf andere Bereiche ausdehnen ließe. Es muß vielmehr der umgekehrte Weg beschritten werden, nämlich über ein klares Anbieter-Profil und -Image eine Goodwill-Plattform für Angebote zu schaffen.

1.3.3 Veränderte Werthaltungen

Ein weiterer zentraler Punkt für die Beschäftigung mit Corporate Identity ist die veränderte *Werthaltung* der Menschen. Es handelt sich hierbei allerdings nicht um – wie vielfach angenommen – neue Werte, sondern um „Veränderungen der Werteakzente oder der Präferenzordnungen im Wert-System"[4]. Beim Wertewandel geht es also primär um eine Evolution, eine Weiterentwicklung der Werte.

Die ohne Entbehrungen im Wohlstand aufgewachsene Nachrkiegsgeneration lehnte sich gegen die ausschließlich materialistisch ausgerichteten Ziele ihrer Eltern auf. Dem sanften Protest der „Blumenkinder" folgten Studentenrevolten als manifester Ausdruck der Auflehnung. Zunächst isoliert auf einzelne Gruppen beschränkt, sorgten Ölschock und Ökologiediskussion für einen weiteren Schub im Umdenkungsprozeß. Die zentralen Tendenzen des Wertewandels heute sind:

- aktives, kritisches Denken und Individualisierung der Bedürfnisse statt Anpassung;
- Selbstbestimmung und Erleben statt Autorität und Unterordnung;
- Gesunderhaltung der Umwelt und soziale Lebensqualität statt Konsumterror und Materialismus.

Dies bedeutet allerdings nicht, daß Konsumziele ihre Bedeutung gänzlich verloren hätten. Das Markenbewußtsein und die Konsumfreudigkeit einiger Verbrauchergruppen, zum Beispiel der „Yuppies", deuten vielmehr darauf hin, daß materialistische und hedonistische Ziele durchaus noch eine hohe Aktualität haben, sofern sie den persönlichen Bedürfnissen nach Gesunderhaltung nicht widersprechen.

Dieses neue Bewußtsein konzentriert sich nicht allein auf die private Sphäre, sondern betrifft die Lebensumwelt insgesamt und damit auch die Unternehmen. Die Forderung nach sozialen, ethischen, humanitären Verhaltensweisen macht vor den Werkstoren nicht halt. Mitarbeiter wie Verbraucher und Öffentlichkeit beginnen die gesellschaftliche Verantwortlichkeit der Unternehmen zu hinterfragen.

Hinzu kommen eine fortschreitende technologische Entwicklung, bessere Ausbildung und höhere Qualifikation der Mitarbeiter. Die Folge ist ein neues Arbeitsethos: An die Stelle der sturen Pflichterfüllung des emsigen Ausführers ist der kreative/aktive Mitdenker getreten.

Die Mitarbeiter erwarten mehr Wertschätzung und Anerkennung ihrer Leistung, einen größeren Spielraum zur Entfaltung ihrer Individualität. Sie erwarten aber auch Leitlinien, nicht im Sinne einer Einengung, sondern als Orientierungspunkte für kreative Ideen. Unternehmen müssen diesen Trend durch Umgestaltung der Arbeitsstrukturen, andere Führungsstile und -hierarchien bewältigen. Gelingt dies nicht, besteht die Gefahr, daß die Mitarbeiter sich nach außen orientieren oder Ersatzleitlinien und individualistische Ziele formulieren. Das kreative Potential wird dann für den eigenen Erfolg, die eigenen Ziele verwandt und nicht mehr für die Aufgaben des Unternehmens.

Die Veränderung des Wertesystems hat Anfang der 80er Jahre zu einer weitverbreiteten Orientierungslosigkeit der Jugend geführt. Dies hatte zwei ganz unterschiedliche Reaktionsformen zur Folge. Bei einem Teil der Jugendlichen trat eine allgemeine Lustlosigkeit und Weltuntergangsstimmung auf, das „Null-Bock-Phänomen". Andere wieder unterwarfen sich den strengen Regeln von Sekten und ihren Führern. Die Reglementierungen wurden nicht als Einengung empfunden, sie waren Leitlinie für das eigene Verhalten, vermittelten Sicherheit. In der Zwischenzeit haben die Menschen allerdings gelernt, mit der neuen Wertehierarchie umzugehen und Orientierungspunkte zu finden. Sie hat sich im Bewußtsein der Menschen verankert und zu einer Emanzipationsbewegung beigetragen. Damit gehören das Null-Bock-Phänomen und das Sektierertum eher der Vergangenheit an.

Doch im Verlauf dieser Entwicklung hat sich das *Verbraucherverhalten* grundlegend geändert. Aus dem zunächst ungelernten ist ein gelernter und schließlich ein emanzipierter Konsument geworden.

Seine Bedürfnisse sind individueller, er ist anspruchsvoller und selbstbewußter geworden. Folglich interessiert er sich nicht mehr allein für die Produkte und den Produktnutzen. Mehr und mehr interessiert er sich für das hinter den Produkten stehende Unternehmen.

Der PR-Chef von Henkel hat dies in dem Satz ausgedrückt: „Der Verbraucher interessiert sich nicht allein für die Qualität der Produkte, er interessiert sich zunehmend für die Qualität des Umfeldes, in dem die Produkte hergestellt werden", das heißt, der Kunde hinterfragt das Unternehmen. Es reicht also nicht mehr, ein möglichst positives Bild nach außen zu kommunizieren (Image, Scheinbild) – intern muß es stimmen, sonst glaubt das keiner.

Die Veränderungen der vergangenen Jahre sind vielschichtig und komplex und treffen die Unternehmen in ganz unterschiedlichem Ausmaß. Oft haben sie sich nahezu unbemerkt vollzogen und werden erst wahrgenommen, wenn akute Probleme auftauchen. Jede Firma sollte sich deshalb rechtzeitig Gedanken über die eigene Identität machen. Die Folgen einer fehlenden Corporate Identity, eine nicht wahrnehmbare, zerklüftete Identität, sind schwerwiegend.

1.4 Die Folgen fehlender Corporate Identity

Eingangs wurde darauf hingewiesen, daß Unternehmen ohne eine klare, verständliche Corporate Identity kaum eine Chance haben, langfristig im Wettbewerbsumfeld zu bestehen. Mangelnde Corporate Identity wirkt sich zunächst in zwei Richtungen aus:

a) nach innen auf die Identifikation, Motivation und Leistung der Mitarbeiter,
b) nach außen auf die Akzeptanz und den Absatz der Produkte.

Das Hauptinteresse vieler Corporate-Identity-Aktivitäten galt bisher der Außenwirkung. Ganz in diesem Sinne hat sich ein bekanntes deutsches Unternehmen im Rahmen eines Corporate-Identity-Programmes primär auf die Symbolik, Vereinheitlichung von Druckschriften und Werbemitteln konzentriert. Die attraktiven Gestaltungsmerkmale wurden zwar von Kunden begrüßt, an der Einstellung zum Unternehmen und seinen Produkten änderte sich indes nichts. Ursache dafür war, daß die Mitarbeiter nicht voll hinter diesen Aktivitäten standen und dies im Umgang mit Kunden direkt und indirekt kommunizierten.

Interne Probleme sind deshalb besonders dramatisch. Sie breiten sich schnell aus und haben eine nachhaltige Wirkung auf externe Zielgruppen wie Kunden, Lieferanten, Geldgeber, Öffentlichkeit. Corporate-Identity-Probleme schränken somit die Glaubwürdigkeit und Wettbewerbsfähigkeit entscheidend ein.

Genauso wie wir einem Menschen mißtrauen, der in seinen Äußerungen und seinem Verhalten wechselhaft ist, können wir einem Unternehmen, das sich permanent selbst widerspricht, nicht vertrauen. Kritik, Kundenfluktuation, rückläufige Absatzzahlen und Erträge sind Warnsignale für eine solche Glaubwürdigkeitskrise.

CI-Probleme ganz anderer Art haben Unternehmen mit mehreren Marken, wie Procter & Gamble, Unilever, Nestlé, und Konzerne mit vielen Tochtergesellschaften, wie Haniel, BASF. Oft wissen nur „Eingeweihte", wer sich hinter dem „Namen" verbirgt, und logischerweise entstehen daraus gewisse Schwächen im Image. Es gibt eben nicht nur ein Image und eine Identität, sondern mehrere. So hat Nestlé zwar einerseits ein Konzern-Image, das sich im wesentlichen auf die bekannten Produkte Nescafé, Nesquick oder den Bereich der Kindernahrung gründet. Zusätzlich gibt es aber noch eine

Reihe von Töchtern mit einer eigenen Identität und einem eigenständigen Image, zum Beispiel Maggi, Sarotti. In diesem Falle wäre es wenig sinnvoll, die natürlich gewachsene Differenzierung aufzugeben und die Konzern-Zugehörigkeit zu propagieren.

Dennoch: Auf eine eigenständige Corporate Identity können diese Organisationen ebenfalls nicht verzichten. Die Unternehmensidentität ergibt sich allerdings weniger aus der Summe der Produkte als vielmehr aus der übergeordneten Unternehmensleistung, zum Beispiel Kompetenzanspruch durch umfangreiche Forschungsaktivitäten, soziale Verantwortlichkeit.

Es gibt jedoch auch andere Beispiele, die beweisen, daß ein Stück mehr Gemeinsamkeit und ein geschlossener Auftritt der Gruppe intern wie extern erhebliche positive Auswirkungen haben kann.

Im Fall UTC (United Technology Corporation) sind die Aktienkurse beträchtlich in die Höhe geschnellt, als bekannt wurde, welche Perlen (z.B. Skorsky Hubschrauber, Otis Aufzüge, Pratt & Whitney Triebwerke) UTC unter seinem Dach vereinigt. Das relativ unklare Profil dieses Konzerns gewann nach einer groß angelegten Corporate-Advertising-Kampagne, bei der die Konzern-Bereiche publiziert wurden, zunehmend an Konturen.

Zusätzlich entstand eine positive Transferwirkung auf die weniger bekannten Firmen des Konzerns, die als Teil einer „kompetenten" Organisation an Bekanntheit und Attraktivität gewannen. Ein weiterer maßgeblicher Effekt ließ sich im Personalbereich beobachten. Es bewarben sich mehr und qualifiziertere Mitarbeiter, und intern trugen die Aktivitäten zu einer Stärkung des Zusammengehörigkeitsgefühls, des „Wir-Bewußtseins" zwischen den Geschäftsbereichen bei.

Damit wurde bereits ein weiterer Aspekt angesprochen. Fehlende Corporate Identity führt bei der Akquisition geeigneter, qualifizierter Mitarbeiter zu Nachteilen. Qualifizierte Leute bewerben sich häufig bei solchen Unternehmen, die aufgrund ihrer Bekanntheit, Größe, Bedeutung attraktiv erscheinen. Unternehmen, die unbekannt sind oder die im Kreuzfeuer der Kritik stehen, haben weniger Chancen, geeignete Bewerber zu bekommen, wie das folgende Beispiel zeigt. Ein mittelständisches Unternehmen, Branchenführer in seinem Bereich, mit exzellenten Marken und Produktgruppen, die einzeln einen relativ hohen Bekanntheitsgrad besaßen, hatte über Jahre hinweg Probleme damit, daß sich zu wenige und nicht ausreichend qualifizierte Mitarbeiter bewarben. Eine Befragung ergab, daß die meisten potentiellen Bewerber das Unternehmen nicht einordnen konnten. Die Marken- oder Produktgruppen waren zwar bekannt, nicht aber der Name des dahinterstehenden Herstellers. Der Unternehmensname lieferte demzufolge keine attraktiven Impulse für eine Bewerbung. Das Problem konnte durch entsprechende Änderung der Stellenanzeigen behoben werden. Ein wesentlicher Vorteil dabei war, daß der intern vorhandene Zusammenhalt und der Geist positiv auf die Bewerber wirkte und die Attraktivität der Firmenzugehörigkeit unterstützte.

Fehlende Corporate Identity nach außen kann, wie im Beispiel gezeigt, durch ungenügende Kommunikation verursacht sein und deshalb in einigen Fällen durch geeignete werbliche Maßnahmen reguliert werden. In aller Regel sind Identitätsprobleme allerdings grundlegender Natur und nicht allein durch gut angelegte Kampagnen zu beheben.

Die Ursachen liegen meist innerhalb der Unternehmen selbst. Mangelnde Transparenz der Unternehmen und ihrer Ziele, ausgelöst durch veränderte Bedingungen, führen zu Desorientierung bei den Mitarbeitern. Ängstliches Verhalten und die Suche nach neuen Leitlinien sind die Folge. In einem solchen Klima neigen die Führungskräfte dazu, Ersatzziele in Form von Formalismen, Arbeitsanleitungen, Standards, Richtlinien zu formulieren.

Doch damit wird die interne Kommunikation erheblich eingeschränkt, es kommt zu Kommunikations-Pathologien[5] und egoistischen Sichtweisen. Manieriertes, statusbetontes Verhalten, strenges Hierarchiedenken sind die Konsequenz. Doppelarbeiten sind an der Tagesordnung, weil man nicht miteinander redet und deshalb auch nicht weiß, daß andere Personen sich mit derselben Aufgabe beschäftigen, oder weil nicht bekannt ist, über welche nützlichen Techniken und Technologien der andere Bereich verfügt. Zusätzlich erschweren umständliche, lange Entscheidungswege und ein grundsätzliches gegenseitiges Mißtrauen sowie Kontrollzwänge überschneidungsfreies Arbeiten. Formalismen werden kultiviert. Diese sind aber Antipoden für Innovationsfähigkeit und Kreativität. Nützliche kreative Spinner, von denen jedes Unternehmen lebt, werden mit Hilfe der Standards und Richtlinien zur Räson gerufen und gebremst, und zwar sowohl von den Kollegen als auch von den Vorgesetzten. Bei motivierten, unternehmerisch und zukunftsweisend denkenden Mitarbeitern wird so ein Klima der Unzufriedenheit und Demoralisation geschaffen. In der Konsequenz bedeutet das: entweder wird die „innere Kündigung" ausgesprochen, oder die Mitarbeiter verlassen das Unternehmen. Wichtige Leistungspotentiale gehen so verloren.

Einige Unternehmen, darunter Siemens, versuchen dieses Problem zu lösen, indem sie Mitarbeitern den Weg in die Selbständigkeit ermöglichen

– im Rahmen von Venture Capital Firmen. Durch Kapitalbeteiligungen werden die Innovations- und Kreativitätspotentiale dem Unternehmen erhalten. Andere Unternehmen richten „Spinnerabteilungen" ein.

Bei den Spinnerabteilungen besteht allerdings die Gefahr, daß, weil kein wirtschaftlicher Zwang existiert, wenig praxisbezogen gearbeitet und an der Realität vorbeigedacht wird. Diese Abteilungen haben die Tendenz, sich zu isolieren. Eine Re-Integration der Mitarbeiter ist kaum noch möglich.

Formalistisches, hierarchisches Verhalten ist besonders häufig in größeren Unternehmen oder Konzernen anzutreffen und hier speziell bei traditionellen, über lange Jahre hinweg gewachsenen Organisationen.

Diese Organisationen haben fast alle etwas gemeinsam, das einerseits der Corporate Identity förderlich sein kann, andererseits den Innovationsgeist hemmt, nämlich Besetzung von Führungspositionen fast ausschließlich aus den eigenen Reihen.

Die positive Komponente ist die Kontinuität des Unternehmensgeistes, eine gewachsene Kultur. Die negative Seite ist, daß Beförderungen häufig von der Dauer der Betriebszugehörigkeit abhängen. Damit besteht die Gefahr des „Peterprinzips" – Beförderung bis zur Inkompetenz. Führungskräfte, die an ihre Kapazitätsgrenze stoßen, versuchen den Mangel an Kompetenz durch strenge Reglements und Nichtweitergabe von wichtigen Informationen nach dem Prinzip „Wissen ist Macht" auszugleichen.

Die Unternehmen vergessen leider allzu häufig, daß die Mitarbeiter die effizienteste PR-Arbeit leisten, effizienter und glaubwürdiger als viele Stabsabteilungen. Ihre Einstellung zum Unternehmen, ihre Zufriedenheit oder Unzufriedenheit werden sie in ihrer sozialen Umgebung und gegenüber Kunden, Lieferanten und anderen Personen äußern. Wenn man bedenkt, daß jeder Mensch mit mindestens zehn Personen kommuniziert, ist leicht zu errechnen, welches enorme Potential dahintersteckt, dessen Wert nicht zu unterschätzen ist. Multipliziert man die Zahl der Mitarbeiter mit zehn, so kann unschwer abgeschätzt werden, wie viele Menschen im Unternehmensumfeld in ihrer Einstellung unmittelbar durch die Verlautbarungen und Handlungen der Mitarbeiter beeinflußt sind.

Der Begriff „human capital" beschreibt die Leistungsfähigkeit und das Leistungspotential des Unternehmens, ein Aktivposten, der zwar bilanztechnisch nicht ausgewiesen wird, jedoch von überragender Bedeutung ist.

1.5 Corporate Identity – ein Bedürfnis des Unternehmens, der Umwelt und Mitarbeiter?

„Die externe ... Wirkung von CI steht meist im Vordergrund und ist – im Gegensatz zur internen Wirkung – oft die einzig beabsichtigte."[6]

Diese Haltung, die auch heute noch einen großen Verbreitungsgrad besitzt, entspricht dem ursprünglichen Gedanken der Corporate Identity. Unternehmen haben im Rahmen des Marketing einzelne Elemente des CI-Mixes eingesetzt, um durch diese Maßnahmen Einfluß auf die Markenbindung und die Akzeptanz der Dienstleistungen und Produkte zu nehmen und entsprechende Marktziele zu realisieren. CI entsprach damit zunächst dem Bedürfnis des Unternehmens.

Daß CI aber auch ein Bedürfnis der Verbraucher ist, läßt sich anhand von Beispielen aus dem Dienstleistungsbereich sowie anderen Industriezweigen belegen.[7] In jenen Fällen, in denen zwischen dem Erscheinungsbild des Unternehmens, der Selbstdarstellung und dem tatsächlichen Verhalten der Mitarbeiter Widersprüchlichkeiten auftreten, entstehen Dissonanzen, die die Akzeptanz und in ganz erheblichem Maße die Loyalität beeinträchtigen. Besteht dagegen Kontinuität, so wirkt sich dies vorteilhaft auf die Identifikation mit der Marke und dem Unternehmen aus. Produkte von Rosenthal in einer nicht-Rosenthal-gerechten Umgebung präsentiert würden erheblich an ihrer Attraktivität einbüßen.

Der Slogan „Das grüne Band der Sympathie" beinhaltet ein Versprechen, das durch die Mitarbeiter eingelöst werden muß, um keine negativen Konsequenzen für das Unternehmen nach sich zu ziehen. Ein Hotelgast, der mehrmals vom Service einer Hotelkette enttäuscht wurde, wird auch gegenüber anderen Häusern dieser Kette eine negative Erwartungshaltung entwickeln und künftig die Häuser dieser Hotelgruppe meiden.

Bedürfnisentsprechung sowie die widerspruchsfreie, glaubwürdige Selbstdarstellung sind die Voraussetzungen dafür, daß sich die Kunden mit dem Unternehmen und seinen Produkten identifizieren. Konkret bedeutet dies:

– Bindung des Kunden an die Marke und größere Toleranz gegenüber Gebrauchsproblemen,
– Bindung der Lieferanten an das Unternehmen und damit verbunden eine größere Servicebereitschaft und bevorzugte Lieferungen,

- erhöhte Verständnisbereitschaft der Öffentlichkeit für unternehmensspezifische Vorgehensweisen,
- höherer Bekanntheitsgrad und damit mehr Bewerbungen von besseren und qualifizierteren potentiellen Mitarbeitern.

Die interne Wirkung stand dagegen in der Praxis zunächst nicht zur Diskussion. Es wurde entweder die Bedeutung der internen Wirkung unterschätzt oder wie selbstverständlich davon ausgegangen, daß die nach außen gerichteten Kommunikations- und Gestaltungsmaßnahmen intern ebenso wirksam wären. So haben die CI-Maßnahmen eines Herstellers von technischen Gebrauchsgütern zwar zu einer größeren Bekanntheit beigetragen, die intern bestehenden Spannungen wirkten sich jedoch kontraproduktiv aus, so daß keine wesentliche Verbesserung des Unternehmensimages erreicht werden konnte. Durch das Verhalten der Mitarbeiter − auch gegenüber Kunden − wurden die identitätsbildenden Maßnahmen zum reinen Selbstzweck und haben nichts zur Zielerreichung beigetragen. Nach wie vor begegnete der Kunde diesem Unternehmen mit großem Mißtrauen.

Ähnlich wie der Verbraucher hat aber auch der Mitarbeiter Erwartungen und Bedürfnisse, die es zu befriedigen gilt. Kommunikations- und Gestaltungsmerkmale können zwar die Mitarbeiterbindung verstärken, jedoch nicht allein auslösen. Werden die im Unternehmen tätigen Menschen als „Produktivfaktor" berücksichtigt und dem Selbstverständnis und dem Wunsch nach Selbstbestimmung dieser Menschen Rechnung getragen, so wird das Unternehmen Anreiz dafür bieten, daß sich die Mitarbeiter mit der Firma, ihren Zielen, identifizieren können. Deshalb dürfen CI-Aktivitäten niemals an der Realität der Meinungen, Anforderungen, dem praktizierten Stil und den daraus erwachsenden Normen und Wertmaßstäben vorbeigehen. „CI betrifft die Mitarbeiter des Unternehmens fast unmittelbarer als die Umwelt".[8]

Durch interne CI-Maßnahmen wird ein kulturelles Klima geschaffen, das sich positiv auf die Zufriedenheit, Leistungsmotivation und -effizienz auswirkt. Zufriedene Mitarbeiter machen dies nach außen deutlich und werden damit in ihrer sozialen Umgebung, im Verwandtenkreis, in der Familie, bei Freunden informell für das Unternehmen tätig. Sie entwickeln ein firmenspezifisches Selbstverständnis, zum Beispiel „wir von Daimler", das den internen Zusammenhalt dokumentiert, fördert und unternehmensschädigende Verhaltensweisen weitgehend ausschaltet. Dies trägt dazu bei, daß das Unternehmen auch in der Umwelt als attraktiver Partner ein hohes Maß an Akzeptanz gewinnt.

Allerdings muß das Unternehmen dies aktiv fördern, das Instrumentarium dazu ist die offene Kommunikation. Mitarbeiter, die Neuerungen und Veränderungen innerhalb der Firma aus der Zeitung erfahren, müssen das Gefühl bekommen, unwichtig zu sein.

Teil 2:

Corporate Identity – Ziele, Grundlagen, Instrumente, Wirkung

Die Corporate-Identity-Diskussion der vergangenen Jahre leidet in ganz erheblichem Umfange darunter, daß es bis heute nicht gelungen ist, eine geschlossene Theorie zu formulieren. Es existieren zwar einige theoretische Ansätze zu Einzelaspekten, die dem ganzheitlichen Charakter von Corporate Identity jedoch nicht gerecht werden. Erschwert wird dieser Prozeß sicherlich dadurch, daß ganzheitliches Denken an unseren Ausbildungsstätten kaum gelehrt und somit auch nicht gelernt wird. So werden zunehmend andere Begriffe, wie Corporate Culture, Corporate Personality, Corporate Behavior, Corporate Image, als Beschreibungsdimension für das Phänomen Corporate Identity eingeführt. Offenbar befinden wir uns in einem iterativen Prozeß, der den Weg für das Verständnis ebnen wird.

Praktische Ansätze zu Corporate Identity und entsprechende Veröffentlichungen existieren fast ausschließlich im operativen Bereich, zu Design und Kommunikation.

Sobald die operative Ebene verlassen wird, verläuft die Diskussion eher auf einem philosophischen Niveau. Zusätzlich werden die vielfältigen Begriffe und ihre Definitionsversuche kaum in einen Gesamtzusammenhang gebracht. Die folgenden Abschnitte stellen einen Versuch dar, einen Gesamtzusammenhang herzustellen, die Begriffe zu erläutern und zu systematisieren.

Möglicherweise geht hierbei der ganzheitliche Gedanke von Corporate Identity etwas unter. Doch in diesem Buch geht es primär darum, Verständnis für die Zusammenhänge, den Prozeß und Nutzen zu wecken und weniger darum, Theorien zu formulieren oder zu erläutern.

2.1 Die wirtschaftlichen Zielsetzungen von Corporate Identity

Corporate Identity ist nicht l'art pour l'art, sondern hat eine ganz pragmatische, wirtschaftliche Zielsetzung. Deshalb kann die Frage nicht nur lauten: „Wie schaffen wir es, einmalig zu werden und zu bleiben?" Eine solche Fragestellung und Zielsetzung ist für Unternehmen viel zu unspezifisch und nicht praxisgerecht. Ziel eines Unternehmens muß es sein, marktfähige Produkte, Dienstleistungen oder Technologien zu liefern, um so langfristig den Unternehmenserfolg zu sichern. Hierfür bietet Corporate Identity Ansatzpunkte. Im Gegensatz zu den geläufigen Management-Ansätzen werden allerdings eine größere Zahl von qualitativen Faktoren wie Zeit, Historie, Kompetenz und vor allem das „human capital" im Unternehmen berücksichtigt.

Dabei muß jede Firma selbst erkennen, welches Gewicht den einzelnen Faktoren im Unternehmensalltag zukommt, und davon ausgehend Lösungsansätze entwickeln.

Ausgangspunkt bei allen Corporate-Identity-Aktivitäten ist immer eine Analyse der gegebenen Situation, bestehend aus Vergangenheit und Gegenwart. Aus einer Stärken-/Schwächenbetrachtung lassen sich Ziele ableiten, die durch ein entsprechendes Corporate-Identity-Mix, bestehend aus Maßnahmen zu Corporate Communication, Corporate Design und Corporate Behavior realisiert werden sollen.

Wesentliche Elemente dabei sind das Vertrauen in die Leistungsfähigkeit und Einsatzfreude der Mitarbeiter sowie ein kontinuierlicher Rückkoppelungsprozeß, in den auch das Management einbezogen ist. Die permanente Information über den Verlauf der Aktivitäten und die Wirkung der Maßnahmen kommt einem Lernprozeß gleich. Nur so können genügend Erfahrungen gesammelt und im Sinne der Identitätsentwicklung nutzbringend eingesetzt werden.

Corporate Identity ist ein Prozeß, in dem das Management von den Mitarbeitern und die Mitarbeiter vom Management lernen. Ein positives Beispiel dafür war die SAS-Story.

Lange Zeit lebten die Airlines weltweit in einer relativ zufriedenen Situation. Geschützt durch die Iata wurde ihnen ein kontinuierliches jährliches Wachstum von 10 bis 20 Prozent beschert. In der Ära von Präsident Carter wurde diese Beschaulichkeit durch die Liberalisierung des Luftverkehrs gestört. Billiganbieter wie Laker rollten den Markt mit Dumping-Preisen auf.

Die SAS stand vor der Wahl, den Preiskampf mitzumachen oder nach alternativen Lösungskonzepten Ausschau zu halten und eine offensive Strategie zu fahren.

Die Airline geriet durch den Preiskampf in die roten Zahlen. Die erste Maßnahme des Präsidenten Jan Carlzon bestand darin, die Mitarbeiter über diesen Zustand aufzuklären und für die Probleme der Airline zu sensibilisieren. Dies war für die Mitarbeiter neu und die Tatsache als solche ein Schock.

In der zweiten Stufe beschäftigte sich das Management mit den Kosten und Erträgen, um nach möglichen Einsparungspotentialen Ausschau zu halten. Das Ergebnis: Der einzige variable Kostenblock, an dem Einsparungen hätten vorgenommen werden können, war das Personal. An Sicherheit kann eine Airline nicht sparen und auch nicht am Treibstoff.

Gleichzeitig wurde die Markt- und Ertragssituation analysiert. Fazit: Den höchsten Ertrag liefern Vielflieger, Geschäftsflieger, die den vollen Flugpreis bezahlen. Diese Zielgruppe erwartet aber einen besonderen Service, der vor allem durch Menschen zu erbringen ist. Kosteneinsparungen im Personalbereich waren somit ebenfalls nicht sinnvoll. Jan Carlzon entschloß sich deshalb für eine Strategie, die darauf abzielte, ein Motivationsklima zu schaffen, in dem die Mitarbeiter eigene Kreativität entfalten konnten. Frage und Zielrichtung war: Wie kann die SAS den besten Service bieten, damit möglichst viele Geschäftsleute mit dieser Airline fliegen?

Um die Mannschaft zu motivieren und zu zeigen, daß es sich bei den Anfängen nicht nur um Worte handelt, wurden sichtbare und erlebbare Zeichen gesetzt. Die Hierarchie wurde abgeflacht und die Besatzung bekam eine neue, schicke Uniform. Zusätzlich haben die Mitglieder des Managements direkten Kontakt zum Boden- und Luftpersonal gesucht. Bei ihren Reisen haben sie sich mit den Mitarbeitern unterhalten, Erfahrungen, Ideen, Anregungen ausgetauscht und Tips von anderen Mitarbeitern weitergegeben. Durch ihr Verhalten wirkten sie vorbildlich und haben damit die Motivation der Mitarbeiter aktiv gefördert.

Eine Fünf-Punkte-Philosophie, in der die Achtung vor dem Mitarbeiter zum Ausdruck kam, unterstützte und begleitete die Aktivitäten. Der Ausspruch von Jan Lapidoth (CI-Manager bei SAS): „I believe in the people, and that are the ones, that makes the difference" verdeutlicht diese Haltung.

Ein wesentliches Kernelement der Strategie war die offene Information und Kommunikation bei SAS, denn „.. information is the source of opportunities and the one who has information cannot refrain from taking responsibility".

Die Maßnahmen haben dazu geführt, daß SAS eine wahrnehmbare, eigenständige Identität entwickelt hat. Entscheidend für den Erfolg war, daß durch offene Kommunikation und verständliche Zeichen gelungen ist, die Mitarbeiter in den Prozeß zu integrieren. Sie fühlten sich nicht als Außenseiter, sondern haben sich für den Erfolg des Unternehmens eingesetzt und so unmittelbar zum positiven Ergebnis beigetragen.

SAS wurde nicht nur zur „Best Passenger Airline" gekürt, auch das wirtschaftliche Ergebnis hat sich nachhaltig verbessert, es wurde wieder Gewinn erzielt.

Dieses Beispiel ist auch eine Bestätigung des Satzes von Peters und Waterman: „Unternehmen sind deshalb so erfolgreich, weil sich alle Mitarbeiter – selbst unbedeutend erscheinende – besonders anstrengen". Doch bei diesem Prozeß müssen die Mitarbeiter geführt werden, das heißt das Management muß Vorarbeiten leisten, einen Orientierungsrahmen geben und erlebbare Zeichen setzen. Eine entsprechende Unternehmens-Philosophie, Verhaltensgrundsätze und eine mitarbeiterfreundliche Struktur sind Hinweise auf die Ernsthaftigkeit, mit der das Management diesen Prozeß unterstützt. Zusätzlich müssen durch „vorbildliches" Verhalten Anreize zur Nachahmung und damit zur Identifikation geboten werden. Die Kontinuität, mit der dies geschieht, weckt Vertrauen, führt zu „Wir-Gefühl" und direkter Betroffenheit. Die interne Identifikation und Motivation bleibt auch bei Kunden nicht unbemerkt, sie schafft ein eigenständiges Profil, eine Goodwill-Plattform für die Vermarktung der Produkte und Dienstleistungen und Durchsetzung der Unternehmensinteressen und ist damit Ursprung des Erfolges (Abbildung 1).

Die Arbeit an der Corporate Identity ist kein einmaliges Ereignis, wie die Abbildung demonstriert. Sie unterliegt einem ständigen Kreislauf, bei dem sich in Abhängigkeit von internen Bedingungen, Veränderungen des Umfeldes und der Wettbewerbsverhältnisse die Akzente verändern können. Die Aktivitäten müssen deshalb ständig überdacht und den jeweiligen Verhältnissen angepaßt werden.

Obgleich Corporate Identity als Gedanke aus dem Marketing kommt und in den Bereich des „Relationship-Marketing" einzuordnen ist, betrifft Corporate Identity das gesamte Unternehmen. Deshalb ist Corporate Identity Teil eines strategischen Gesamtplanes. Die Arbeit an der eigenen Identität zeigt die Grenzen des Machbaren und die strategischen Erfolgspositionen auf.

Die strategische Erfolgssituation bei SAS ist die Service-Bereitschaft der Mitarbeiter. Dies war erkannt und mit den richtigen Mitteln und Maßnahmen entwickelt worden, so daß sich neben der Optimierung der Unternehmensidentität eine verbesserte Ertragslage eingestellt hat.

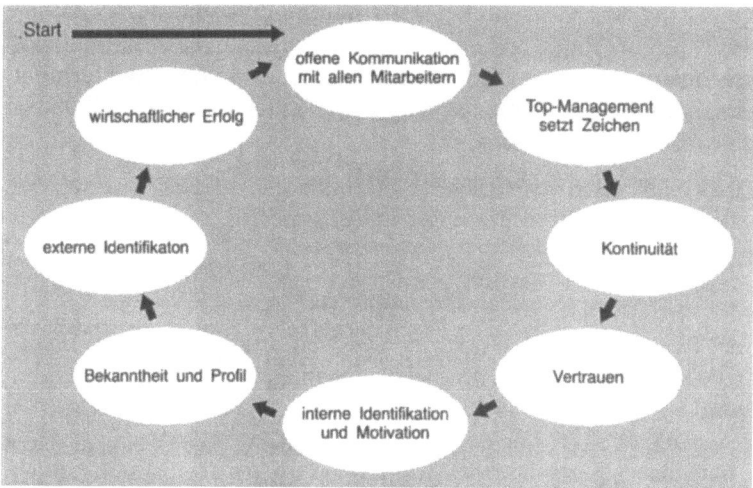

Abbildung 1: Kreislauf des CI-Prozesses

Das Beispiel von SAS macht deutlich, daß der wirtschaftliche Nutzen von Corporate Identity nachvollziehbar ist. Er basiert im wesentlichen auf zwei Erfolgsfaktoren:

1. Aktivierung des „human capital" durch eine zeitgemäße Unternehmenskultur;
2. individualistische Abgrenzung im lebenswichtigen System – dem Markt – durch ein unverwechselbares Design, intensive Kommunikation sowie entsprechende Verhaltensweisen.

2.2 Die Grundlagen eines CI-Konzeptes

2.2.1 Unternehmenskultur (Corporate Culture)

Die vorhandene Unternehmenskultur ist für die Corporate-Identity-Entwicklung Basis, andererseits wird die Unternehmenskultur im Verlauf der Corporate-Identity-Maßnahmen verändert. Unternehmenskultur ist somit Prozeß und Ergebnis zugleich.

Bevor wir uns der Entstehung der Unternehmenskultur und ihren verschiedenen Typen zuwenden, sollte ein kleiner Rückgriff auf die sozialpsychologische Interpretation von Identität erlaubt sein, denn Kultur und Identität stehen in einem engen Bezug zueinander. Die Kultur bildet den Nährboden für die Identitätsentwicklung.

Sozialpsychologisch besteht die Identität eines Individuums – wie bereits erwähnt – aus zwei Teilen, die gleichrangig sind:

- der individuellen Identität, der Unverwechselbarkeit, Einzigartigkeit der Person, allgemein als Persönlichkeit bezeichnet;
- der sozialen Identität, die sich aus der Zugehörigkeit zu einer bestimmten Gruppe ergibt, zum Beispiel Nationalität, soziale Schicht, Berufsgruppe.

Die individuelle Identität entwickelt sich aus der sozialen Identität durch Übernahme, individuelle Interpretation und Modifikation der vorherrschenden Wertmaßstäbe und Verhaltensweisen. Dabei ist die Kommunikation, der Austausch mit der Umwelt von entscheidender Bedeutung. Zum einen erfolgt die Identitätsentwicklung über Kommunikationsprozesse, zum anderen muß ein Mensch mit der Umwelt kommunizieren, um als Individuum erkannt zu werden. Die Anerkennung durch die Umwelt, die positive Akzentuierung ergibt sich aus der sozialen Identität, nämlich der Übereinstimmung mit den Wertvorstellungen der Bezugsgruppe und der Kontinuität des Verhaltens.

Beide Identitätsformen sind lebensnotwendig für die Existenz. Ein Mangel an individueller Identität schränkt die Wahrnehmung ein. Ein Mangel an sozialer Identität macht das Individuum zum Außenseiter, der nicht akzeptiert wird.

Ein Arzt, der wiederholt gegen das ärztliche Prinzip der medizinischen Hilfeleistung verstößt, wird kaum Vertrauen erwecken, wird als Negativbeispiel seiner Zunft angesehen werden und verliert dadurch seine soziale Identität, also einen wesentlichen Teil seiner Gesamtidentität.

Die Kultur, in der sich die Identitätsentwicklung einer Person vollzieht, ist ein normatives Wertesystem, das dem Individuum Anhaltspunkte für sein Verhalten in der sozialen Umgebung gibt. Grundelemente der Kultur werden von Generation zu Generation weitervererbt. Einzelne Elemente verändern sich in Anpassung an die Umweltbedingungen und technologischen Veränderungen; das heißt Kultur ist einerseits konsistent und andererseits einem Prozeß der Selbstregulation unterworfen und damit prinzipiell anpassungsfähig. Die Inhalte einer Kultur sind allerdings weniger formell, schriftlich fixiert, als vielmehr informell durch kommunikative Prozesse überliefert.

Schon allein der umgangssprachliche Gebrauch des Wortes Kultur und der dazugehörigen, oft synonym gebrauchten Begriffe, wie Mentalität, Temperament, Persönlichkeit, macht deutlich, daß die verschiedenen Erdteile und Länder unterschiedliche Wertsysteme besitzen, die als Orientierungshilfe für die Lebensgestaltung und Identitätsentwicklung dienen. Darüber hinaus unterscheidet man innerhalb dieser Länder nach weiteren kulturellen Merkmalen, regionalen Gegebenheiten und ethnischen Gruppen. Nicht zu vergessen sind hierbei die unterschiedlichen sozialen Schichten, die sich aufgrund differenzierter Wertvorstellungen in ihren Verhaltensweisen zum Teil ganz beträchtlich voneinander unterscheiden.

Betrachtet man die Kultur von Ländern und Nationalitäten als übergeordnete Systeme im Sinne eines kulturellen Rahmens, der die grundlegenden Werte und Normen festlegt und damit die Basis der differenzierenden Kulturelemente bildet, so könnte man diese auch als Meta-Kultur bezeichnen. In Abhebung dazu sind die regionalen, ethnischen, sozialen Kulturelemente auch als Subkulturen anzusehen.

Ergebnisse aus der sozialpsychologischen Forschung belegen, daß die Meta-Kulturen zur Sicherung der Lebensfähigkeit offenbar allein nicht ausreichen. Die in der Meta-Kultur gegebenen Richtwerte sind zu grob, zu undifferenziert. Menschen neigen deshalb dazu, sich in kleineren und kleinsten Sub-Kulturen zusammenzuschließen. Hierzu gehören auch Vereine und Interessengemeinschaften. In diesen sogenannten Sub-Kulturen werden die Meta-Kultur-Elemente transformiert und deren Bestandteile verfeinert, so daß sie verhaltenswirksame Impulse und Orientierungshilfen bieten können.

Die Vergangenheit sowie die Gegenwart zeigen, daß sich auch Sub-Kulturen bilden, die eine Anlehnung an die existierenden, allgemein gültigen Kultur-Normen verweigert, zum Beispiel radikale Gruppierungen oder auch religiöse Gemeinschaften. Je nach Identifikationsstärke der Mitglieder mit den festgeschriebenen Normen werden diese Gruppen mehr oder weniger lange überleben. Auf Dauer sind sie allerdings zum Scheitern verurteilt, da sie durch externe Einflüsse aufgeweicht und schließlich obsolet werden. Entweder wandern die Gruppenmitglieder ab oder die Umwelt isoliert die Gruppe, so daß sie ihrer nötigen kommunikativen Basis beraubt schließlich keine existentielle Grundlage mehr hat. Daraus wird ersichtlich, daß normative, an der Meta-Kultur orientierte Faktoren für die Entwicklung, Existenz und das Fortbestehen von Sub-Kulturen lebenswichtige Voraussetzungen sind.

Unternehmen und Organisation stellen ebenfalls Sub-Systeme dar. Darüber hinaus läßt sich feststellen, daß mit wachsender Unternehmensgröße die Tendenz und Wahrscheinlichkeit der Herausbildung weiterer Subsysteme innerhalb der Organisation wächst. Verstärkt durch spezielle Sprachcodes der Juristen, Finanzleute, Techniker oder Marketingleute wird die Kultur entsprechend verfeinert und „fachlich" uminterpretiert. Dies ist im Prinzip kein größeres Problem, solange die „Fachkulturen" sich nicht im Sinne einer Gegenkultur verselbständigen und den Zusammenhang innerhalb des Unternehmens zerstören. Eine rege interne Kommunikation und interdisziplinäre Zusammenarbeit verhindert ein Auseinanderfallen der Subkulturen und stärkt die gemeinsame Basis.

Um das Wesen, die Dynamik und Veränderbarkeit von Unternehmenskultur zu verstehen, muß man sich den Prozeß ihrer Entstehung und Fortführung verdeutlichen.

Die Herausbildung der Unternehmenskultur beginnt mit dem Tag der Gründung. Der oder die Gründer bringen ihre kulturellen Vorstellungen, verbunden mit einer unternehmerischen Vision, in das Unternehmen ein. Die Kultur ist somit ein unmittelbares Produkt des bei der Gründung vorherrschenden Zeitgeistes und einer Persönlichkeit, die als Leitbild für das Verhalten der Mitarbeiter diente.

So war die Gründerzeit der deutschen Industrie durch starke Persönlichkeiten geprägt, die einerseits ihre wirtschaftlichen Interessen konsequent vertraten und andererseits ein hohes Maß an sozialer Kompetenz und Verantwortung gegenüber den Mitarbeitern zeigten. Der Geist der Gründerväter lebte mehr oder weniger lange Zeit im Unternehmen fort. Die Nachfolger waren durch diese Männer geprägt, sie haben die Methoden des Managements und die sprachlichen Gepflogenheiten von ihren Vorgängern übernommen. Darüber hinaus unterstützten Anekdoten, Symbole und Rituale das Überleben der Kultur. Daraus ergibt sich, daß für das Überleben der Unternehmenskultur im wesentlichen vier Aspekte von Bedeutung sind: das Verhalten, die Sprache, Regeln und Symbole (Abbildung 2).

So gab es in einem alteingesessenen hanseatischen Unternehmen zwei wichtige Kulturelemente: die offene Tür und den vornehm ruhigen Umgangston, der jedes laute Wort unterband. Die folgende kleine Anekdote sorgte

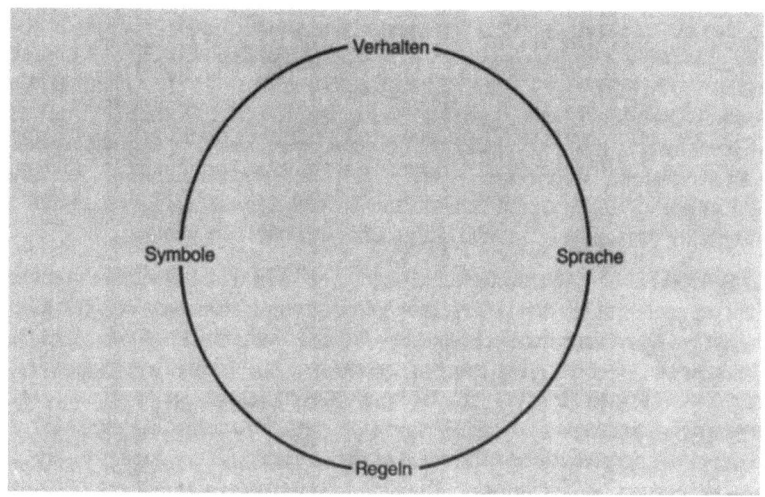

Abbildung 2: Übermittlung von Unternehmenskultur

dafür, daß dieser Geist, in das Unternehmen penetriert, lange Zeit das Verhalten der Mitarbeiter beeinflußte.

Das Zimmer des Inhabers grenzte an das eines seiner wichtigsten Mitarbeiter. Der Inhaber fühlte sich durch allzu lautes Reden seines Managers gestört, ging in dessen Zimmer und fragte: „Mit wem reden Sie so laut?" Der Manager antwortete, „Ich spreche mit London". Darauf entgegnete der Inhaber, „warum nehmen Sie nicht das Telefon?"

Doch das Charisma eines Gründers hält nicht über mehrere Generationen. Auch Anekdoten und Symbole verlieren einmal ihre zündende Kraft. Folglich entsteht das Dilemma, das Charisma des Gründers und die Kultur zu institutionalisieren, eine entpersonalisierte Unternehmenskultur zu schaffen. Ausgangspunkt dafür sind Regeln, die die Unternehmenskultur redefinieren und fortschreiben. Verantwortlich dafür sind die Führungskräfte, die das Charisma, die Vision des Gründers erhalten und die Kultur dem Zeitgeist anpassen müssen. Dazu bedarf es einiger starker Persönlichkeiten mit ausgeprägten Führungseigenschaften. Manager, die sich auf das Verwalten beschränken, sind dafür ungeeignet. Fehlen solche Persönlichkeiten, mißlingt der Anpassungsprozeß, und dem Unternehmen droht Gefahr auseinanderzubrechen.

In den 60er Jahren, als Ölzentralheizungen aktuell waren, mußte ein Kachelofenbauer den Betrieb aus finanziellen Gründen einstellen. Management und Mitarbeiter hatten zu lange an einem Produkt festgehalten, für das es keinen Markt mehr gab. Die Kultur dieses Unternehmens war in sich abgeschlossen, hatte sich isoliert und die Kommunikation mit der Außenwelt eingestellt. Was fehlte, waren Führungspersönlichkeiten, die diese Kultur gezielt und systematisch aus dieser Isolation gelöst hätten, so daß es möglich gewesen wäre, marktfähige Produkte herzustellen.

BMW wäre es beinahe ähnlich ergangen, weil Mitarbeiter wie Management an den nicht mehr marktgerechten Produkten Isetta und V8 festhalten wollten. Die Mitarbeiter liebten diese Autos. Nur, die Isetta war zu klein, die Ansprüche an das Auto hatten sich erhöht. Der V8 war zu groß und fand nur einen kleinen Käuferkreis. Es bestand die Gefahr der Insolvenz. Das Unternehmen überwand die Krise durch neue Produkte in einer Markt-Nische, die noch nicht besetzt war, für die es aber einen Bedarf gab. Motor und Promotor für den anfänglich schwierigen Prozeß der Neuorientierung war eine starke Persönlichkeit, Paul Hanemann. Er hat die Basis für die kulturelle Redefinition geschaffen, die dann von Eberhardt von Kuenheim endgültig vollzogen und perfektioniert wurde.

Dies ist ein Beweis dafür, daß Unternehmenskultur veränderbar ist, sie muß sich sogar verändern, um überlebensfähig zu sein. Gelingt diese Redefinition und Fortschreibung nicht, so begibt sich das Unternehmen ins Abseits, sowohl intern wie extern. Die Produkte werden an den Bedürfnissen des Marktes vorbeiproduziert, die Kommunikationsbrücke zur Außenwelt bricht zusammen und isoliert das Unternehmen bis zum Bankrott.

Grundsätzlich gilt, daß Unternehmen mit starken Kulturen den Unternehmen mit schwachen Kulturen überlegen sind. Doch starke Kulturen laufen auch Gefahr zu verkrusten, weil sie sich permanent selbst bestätigen. Die Kultur prägt die Entscheidungsprozesse, und die Entscheidungen prägen die Unternehmenskultur. Daher nehmen Unternehmen mit starken Kulturen die Notwendigkeit zur Veränderung häufig nicht mehr wahr. „Ob eine starke Unternehmenskultur auch den Erfolg einer Unternehmung längerfristig sichern hilft, hängt somit nicht allein von der Stärke des Konsens bezüglich grundlegender Wertvorstellungen ab, sondern auch von der Art der Werte, über die Konsens besteht".[9]

Aus dem bisher Gesagten wird deutlich, daß Unternehmenskultur überwiegend in Form eines ungeschriebenen Grundgesetzes wirksam wird. Nur ein kleiner Teil ist schriftlich fixiert. Die Kultur umfaßt im wesentlichen drei Bestandteile (Abbildung 3):

- *Annahmen:* Sie spiegeln sich in den Umgangsformen, der Art der Kontaktpflege, der Leistungsmotivation, der Einstellung zur Arbeit und Pflichterfüllung wider;
- *Werte:* Sie drücken die Präferenz für bestimmte Ziele aus, zum Beispiel Produktorientierung oder Kostenorientierung;
- *Normen:* Sie sind am ehesten schriftlich fixiert; sie umfassen Regeln und Verhaltensvorschriften, formalisierte Arbeitsanweisungen, aber auch Kleidungsgepflogenheiten, wie dunkelblauer Anzug, Clubkrawatte.

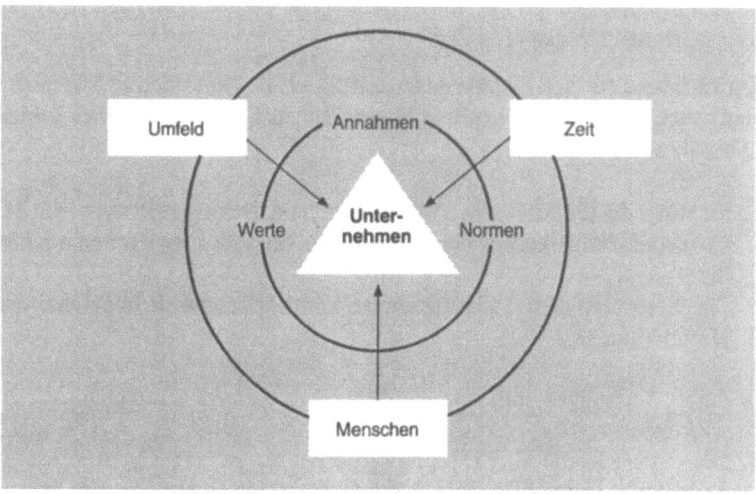

Abbildung 3: Unternehmenskultur

Annahmen, Werte und Normen geben Auskunft darüber, was in einem Unternehmen als wichtig und weniger wichtig erachtet wird. Sie prägen das Erscheinungsbild und Auftreten der Mitarbeiter innerhalb und außerhalb der Organisation. Je ausgeprägter der Grundkonsens über die kulturellen Basiswerte, um so geringer ist die Wahrscheinlichkeit, daß Entscheidungsprozesse zu reinen Macht- und Verteilungskämpfen führen, und um so geringer ist der Bedarf an festgeschriebenen Arbeitsregeln und formalen Strukturen.

Wesentliche, erfolgsträchtige Unterscheidungsmerkmale zwischen Unternehmen sind heute weniger die Produkte als die Kultur, die historisch gewachsene, von den Mitarbeitern gemeinsam getragene Geisteshaltung, Denk- und Verhaltensweise. Eine feste, gesunde Unternehmenskultur ist Orientierungshilfe für das Verhalten, liefert die Inhalte für die Mitarbeiteridentifikation, erhöht die Motivation, die Einsatzbereitschaft und Kreativität. Es entsteht ein Minimum an Reibungsflächen durch problemlose Kommunikation und Kooperation. Nicht der Buchstabe des Gesetzes, sondern der Geist des Gesetzes prägt die Zusammenarbeit. Nicht Dienst nach Vorschrift, sondern Dienstleistung für das Unternehmen prägt das Arbeitsprinzip. Die Unternehmenskultur gibt dem Handeln einen Sinn und erleichtert das Zusammenarbeiten und Zusammenleben. Die Menschen verstehen, wofür sie arbeiten, und manche Dinge laufen, ohne daß man lange darüber diskutiert hat. Mißverständnisse aufgrund differierender Interpretationen werden reduziert.

Entscheidend für den Unternehmenserfolg ist die Qualität und Stärke der gegebenen Kultur. Eine positive Unternehmenskultur kann vieles leisten (Abbildung 4):

1. Sie stützt die Identität, das „Wir-Gefühl", das Selbstbewußtsein, die Berufsrollenidentifikation der Mitarbeiter. Sie gibt dem Handeln einen Sinn.
2. Sie übermittelt dem Außenstehenden konfliktfrei die „Kompetenz" des Unternehmens.
3. Sie erhöht die „Produktivität", weil die Mitglieder ihre Arbeitszeit nicht damit verbringen müssen, Konflikt-Vermeidungs-Strategien zu entwickeln.
4. Die offene Kommunikation ist Grundvoraussetzung für neue Ideen, Kreativität, Innovationsfähigkeit und damit ein entscheidender Faktor der „Wettbewerbsfähigkeit".

Jedes Unternehmen hat seine eigene, individuell geprägte und akzentuierte Kultur. Verhaltensweisen, die in einem Unternehmen gewünscht und erwartet werden, können in einem anderen Unternehmen sanktioniert sein. Dies erklärt auch, warum Mitarbeiter bei einem Unternehmenswechsel scheitern können, obgleich sie bisher recht erfolgreich ihren Beruf ausgeübt haben. Beim vorherigen Arbeitgeber galten unter Umständen andere Spielregeln, die der Mitarbeiter verinnerlicht hatte. Diese Spielregeln können nun in dem neuen Unternehmen absolut unerwünscht sein. Der Mitarbeiter

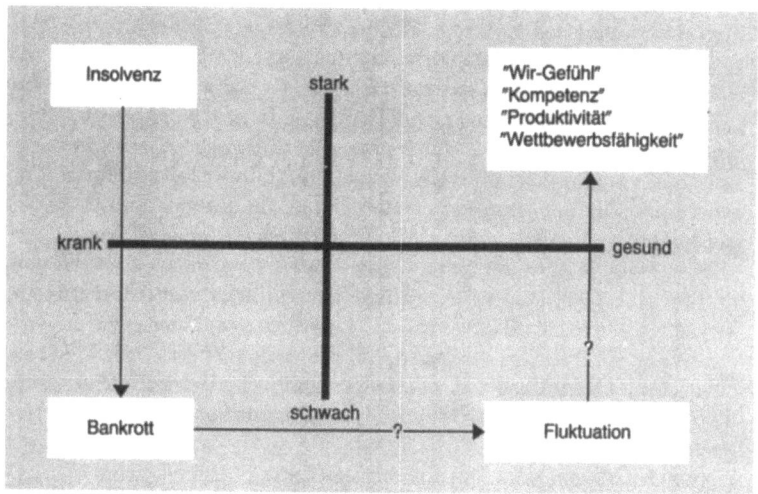

Abbildung 4: Lebensfähigkeit von Kulturen

müßte umdenken und umlernen, sich den neuen kulturellen Bedingungen anpassen, die jeweiligen Akzente begreifen. Ohne bewußte Hilfe durch Kollegen und Vorgesetzte ist dies ein schwieriges Unterfangen, das oft genug mißlingt. Solche Mitarbeiter zeigen die Tendenz, zu dem ehemaligen Arbeitgeber zurückzukehren oder zu einem ähnlichen Unternehmen mit einer vergleichbaren Kultur zu wechseln.

Wie gravierend die Unterschiede bei Kulturen sein können, zeigt die Kultur-Typologie von Charles Handy auf. Er unterscheidet vier Grundtypen, die ganz unterschiedliche Verhaltenskonsequenzen aufweisen (Abbildung 5):

1. Die *Machtkultur* ist geprägt durch ein einziges Zentrum, einen Mittelpunkt, an dem sich alle ausrichten. Sie hat die Form einer Spinnwebe, wobei eine mächtige Person im Zentrum das gesamte Unternehmen kontrolliert. Es gibt wenig Regeln, wenig Bürokratie. Jeder versucht, so nahe wie möglich an das Zentrum zu gelangen, Macht zu erreichen und zu erhalten. Diese Kulturform findet man häufig bei inhabergeführten Unternehmen. Sie ist anfällig für Intrigen.
2. Die *Rollenkultur* ähnelt hingegen einem griechischem Tempel mit einem spitz zugehenden Dach. Die Säulen, die dieses Dach tragen, sind festge-

51

fügt durch Hierarchie, Status, Rechte, Pflichten, Vereinbarungen, Abmachungen und Reglements. Konflikte werden einvernehmlich geregelt, korrektes Verhalten ist fast wichtiger als effizientes Arbeiten. Ein ausgeprägter Bürokratismus und Formalismus macht diese Organisationsform inflexibel. Sie ist für Märkte, die in Bewegung sind, ungeeignet. Auf Veränderungen reagiert diese Kultur entweder mit einem Totstellreflex oder übertriebenem Aktionismus. Die Rollenkultur ist häufig bei Behörden, Banken und Automobilunternehmen anzutreffen.

3. Die *Aufgabenkultur* entspricht einer Matrix-Organisation. Gefordert und gefördert werden Expertentum, leistungs- und problemorientiertes Verhalten. Folglich gibt es wenige Formalismen und hierarchische Abstufungen. Da weniger die Person als die Aufgabenerfüllung zählt, ist eine solche Organisation in der Lage, relativ flexibel auf Marktereignisse zu reagieren. Man trifft diese Unternehmenskultur häufig bei Markenartikelherstellern.

4. In einer *Personenkultur* ist jeder ein Star für sich. Gemeinsame Wertanschauungen und Interessen halten die Organisation zusammen. Aber im Prinzip ist es das Individuum, das im Vordergrund steht. Diese Kulturform ist typisch für Beratungsunternehmen.

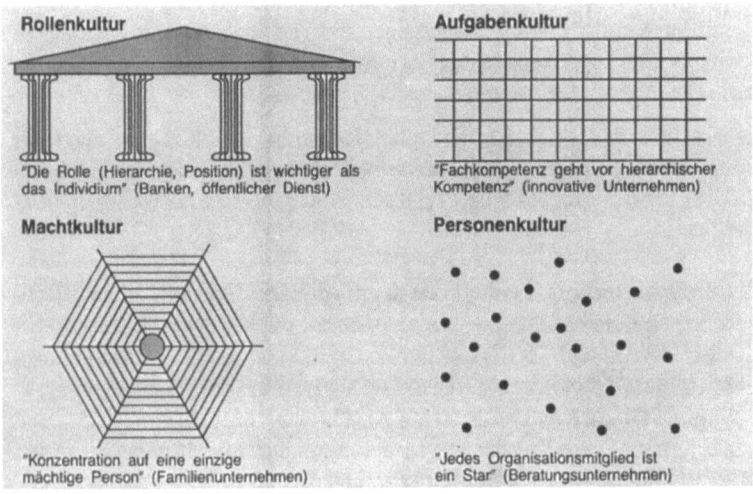

Abbildung 5: Vier Kultur-Typen von Charles F. Handy

In der Realität sind die Kultur-Typen in der hier dargestellten singulären Form allerdings eher selten. Meist werden Mischformen existieren, bestehend aus zwei bis maximal drei Typen. So kann innerhalb einer Rollenkultur sehr wohl zusätzlich eine Machtkultur vorhanden sein. Dies ist vor allem der Fall, wenn bei Führungskräften ein hoher individueller Machtanspruch vorhanden ist, aber die Möglichkeiten, diesen zu realisieren, beschränkt sind. Es wird dann im eigenen Bereich, der Abteilung, durch zusätzliche, über das übliche Maß hinausgehende Formalismen, Anordnungen und Kontrollmechanismen eine interne Machtkultur aufgebaut. Derartige Parallelkulturen sind meist zum Schaden des gesamten Einzugsbereiches der „Macht-Person", weil sie zur Abschottung gegenüber anderen Einheiten führt und damit Akzeptanz-, Glaubwürdigkeits- und Kommunikationsprobleme entstehen.

Weitere, häufig anzutreffende Kultur-Typen, die entweder als Gesamtkultur eines Unternehmens oder von Sub-Kulturen auftreten, sind die Verwaltungskultur und Verkaufskultur.

Die *Verwaltungskultur* ähnelt der bereits beschriebenen Rollenkultur. Kennzeichen hierfür sind ein langsames Feed-back, eine starke Selbsterhaltungstendenz einzelner Organisations-Mitglieder, Betonung der Hierarchie, lange Entscheidungswege und wenig Kooperation. Die Form steht im Vordergrund, das Ergebnis eher im Hintergrund, was zu vorsichtigem, detailversessenem und angepaßtem Verhalten der Mitarbeiter beiträgt. Anordnungen werden ausgeführt, auch wenn sie offenbar nicht sinnvoll sind. Titel und Betriebszugehörigkeit sind wichtige Aspekte bei der Beförderung.

Die *Verkaufskultur* ist demgegenüber durch eine starke Handlungsorientierung, Teamgeist und Kameradschaft geprägt. Umsatzdenken steht vor Renditedenken, das heißt der kurzfristige Erfolg ist wichtiger als mittel- oder langfristige Zielerreichung. Die Zugehörigkeit zu einer erfolgreichen Mannschaft ist wesentlicher Motivationsfaktor, und die Mitarbeiter fühlen sich eher dem Team als dem Unternehmen verbunden.

Inzwischen gibt es eine Vielzahl solcher Kulturtypologien, die durch Primärerhebungen ermittelt wurden. Doch auch hier zeigt sich, daß die Denkhaltung des Forschers das Ergebnis mitbestimmt. Die inhaltlichen Ergebnisse hängen nämlich weitgehend davon ab, welche Fragen aufgegriffen wurden. Der Ansatz von Handy ist schwerpunktmäßig auf verhaltenspsychologische beziehungsweise soziologische Aspekte konzentriert. Neuere Untersuchungen beinhalten eine unternehmensstrategische Komponente. So haben Hafner und Meffert bei Unternehmen die jeweils vorherrschenden strategischen Ausprägungen untersucht – Gründe, Mitarbeiter, Leistung, Innovation, Kosten, Unternehmen, Technologie – und auf Basis der Untersuchungsergebnisse folgende Kultur-Typen definiert:

1. Die *Kulturignoranten*, die sich nicht um ihre Kultur bekümmern, sie sind überwiegend im Investitionsgüterbereich zu finden.
2. Die *leistungsorientierten Kostenoptimierer*, die sowohl Wert auf Leistung als auch auf Kostenminimierung legen; sie sind häufig in der Konsumgüter-Branche anzutreffen.
3. Die *kostenorientierten Innovatoren* sind häufig in der Unterhaltungselektronik, Automobilindustrie und bei Hausgeräteproduzenten zu finden.
4. *Kulturbewußte Unternehmen* mit starker Wettbewerbsorientierung (und auch Mitarbeiterorientierung) sind überwiegend im Dienstleistungsbereich anzutreffen.

Aus dieser Darstellung wird deutlich, daß die Frage der Definition der Unternehmenskultur eine Frage des Standpunktes des Forschers und der Ausgangshypothesen ist.

Die eingangs erwähnte Forderung, daß ein Grundkonsens zwischen Umweltkultur und Unternehmenskultur gegeben sein muß, führt zu einem Dilemma ganz besonderer Art bei international operierenden Unternehmungen. Firmen, die in Japan tätig sind, werden nicht umhinkommen, Elemente der japanischen Kultur zu adaptieren. Andererseits sind sie im Sinne einer Gesamt-Kultur des Unternehmens gehalten, die Wertmaßstäbe der Muttergesellschaft, des Stammhauses zu pflegen. Damit läuft jedes international tätige Unternehmen Gefahr, ein kultureller Gemischtwarenladen zu werden, ein „heimatloser Geselle", der weder in ein Land noch zum Unternehmen selbst paßt. Bisher wurde dieses Dilemma häufig dadurch geregelt, daß in den jeweiligen Ländern selbständige Tochtergesellschaften operierten, die über eine weitgehende Unabhängigkeit verfügten. Entscheidend war allein das positive Ergebnis dieser Gesellschaften. Im Zuge der zunehmenden Globalisierung der Märkte wird es allerdings erforderlich sein, sich mit dieser Thematik intensiver zu befassen und Lösungsmöglichkeiten zur Entflechtung des Kultur-Babylons aufzuzeigen.

Die bewußte Beschäftigung mit der eigenen Kultur, Klarheit über die grundlegenden Werte, intensive Kommunikation und Teamarbeit sind ein Weg in diese Richtung.

2.2.2 Markenpersönlichkeiten (Brand Identity)

Ein weiterer Aspekt, der bei der Entwicklung der Corporate Identity nicht außer acht gelassen werden darf, sind – bei jenen Firmen, die sie besitzen – die Marken, mit ihren spezifischen, unverwechselbaren Merkmalen, die *Markenpersönlichkeiten*. Sie stellen eine unternehmerische Leistung dar und prägen in entscheidendem Ausmaß das Denken und Verhalten der Menschen.

Eine Marke ist ein Name, der für klar und eindeutig formulierte Leistung steht. Ihre Bedeutung ergibt sich aus den drei „K":

– der *Kompetenz*, dem Verbraucher eine spezifische Problemlösung zu bieten,
– der *Kontinuität*, mit der über lange Zeit ein gleichbleibend hohes Qualitätsniveau (primäres Markenversprechen) gehalten wird und
– der unternehmerischen *Konsequenz*, dies im Bewußtsein der Verbraucher zu manifestieren und einen psychologischen Mehrwert zu garantieren (sekundäres Markenversprechen).

Die Schaffung und Erhaltung einer Marke ist das Ergebnis produktiver Ideen, ehrlicher, in allen Bereichen stets gleichbleibender überdurchschnittlicher Leistungen des Herstellers. Marken-Marketing ist eine unternehmerische Aufgabe, die den gesamten Organisationsprozeß beeinflußt und damit Bestandteil der Unternehmenskultur ist. In diesem Sinne ist auch die Aussage von Domizlaff zu verstehen: „Eine Firma hat eine Marke. Zwei Marken sind zwei Firmen".

Eine gute Marke weckt beim Verbraucher wie in der Öffentlichkeit Vertrauen, bewirkt Loyalität, da sie das Risiko von Fehlentscheidungen und Erwartungsenttäuschungen minimiert. In Märkten, die durch Intransparenz der Angebotsfülle gekennzeichnet sind (z.B. Zigaretten), bei Produkten, die sich einer rationalen Prüfung entziehen (z.B. technische Geräte) oder bei Luxusartikeln (z.B. Uhren, Taschen), übernimmt die Marke eine Orientierungsfunktion für den Entscheidungsprozeß. Sie gibt ein Wertversprechen und reduziert die materiellen (Wert, Qualität) und psychologischen (Image, soziale Akzeptanz) Risiken, die mit dem Kauf verbunden sind.

Doch der Aufbau einer Markenidentität ist ein kostspieliges Unterfangen, das sehr viel Zeit bedarf. Der Verbraucher verschenkt sein Vertrauen nicht gutwillig, die Marke muß es sich verdienen und das Markenversprechen immer wieder unter Beweis stellen.

BMW ist heute eine Marke, die sich großer Akzeptanz erfreut, auch bei solchen Käuferschichten, die dieser Marke früher eher ablehnend gegenüber standen. Die Akzeptanzprobleme resultierten überwiegend aus einer Skepsis der Verbraucher in bezug auf die Qualität der Produkte. Anfängliche Haltbarkeitsprobleme hatten sich in den Köpfen der Menschen festgesetzt und wirkten auch dann noch fort, als es dazu keinen Anlaß mehr gab. Erschwerend kam hinzu, daß BMW zu dieser Zeit nicht über ein Vertriebsnetz wie heute verfügte. Die konsequente Arbeit an Produkt und Netz hat aber schließlich dazu beigetragen, daß die Verbraucher zunehmend Vertrauen in die Marke gewannen. BMW hat sich so eine attraktive Brand Identity erarbeitet.

Bei der Markenqualität darf es also keine Kompromisse geben. Nicht beim Produkt selbst und nicht beim Service und dem psychologischen Werterlebnis, das letztendlich die Summe von Produkt- und Dienstleistung darstellt.

Die Schaffung einer Brand Identity ist ebenso wie die Entwicklung einer Unternehmensidentität nicht nur die Aufgabe des Managements. Vielmehr müssen alle Mitarbeiter dem Marken-Gedanken verpflichtet sein. Zeit, Würde, Stil und Beharrlichkeit sind nach Domizlaff die wesentlichen Elemente zum Aufbau einer Marke. Sie müssen Teil der Unternehmensphilosophie und der kulturellen Haltung der Firma sein.

Schon allein daran wird deutlich, wie eng Corporate Identity, Brand Identity und Unternehmenskultur miteinander verknüpft sind. Häufig sind die traditionellen Markennamen identisch mit dem Unternehmensnamen, zum Beispiel BMW, Bahlsen, Melitta, und damit integraler Bestandteil der Unternehmensidentität. In diesen Fällen werden die Vorstellung vom Produkt und die Erfahrungen damit auf das Unternehmen übertragen. Ebenso aber können sich die Erfahrungen mit dem Unternehmen – positive wie negative – auf die Produkte und Marken übertragen.

Marken müssen sich ebenso wie Unternehmen dem Zeitgeist und den verändernden Bedingungen des Marktes anpassen. Die Qualitätsnormen der Verbraucher sind nicht starr fixiert, sondern unterliegen einem permanenten Wandel durch verändertes Umweltbewußtsein. Bodo Rieger hat dies in dem Satz formuliert: „Persil bleibt Persil, weil Persil nicht Persil bleibt". Dies ist Kontinuität im Wandel, ein stabiles Qualitätsversprechen bei veränderten Qualitätsnormen. Es gibt mithin „keine klassischen Marken, sondern nur Marken mit mehr oder weniger Klasse, die mehr oder weniger mobil sind; genausowenig, wie es klassische Persönlichkeiten gibt, sondern nur Menschen, die sich entwickeln oder stehen und stecken bleiben." [10]

Nur wenigen Marken ist dieser Anpassungsprozeß gelungen, Persil, Nivea, Maggi, Coca Cola, um nur einige zu nennen. Viele Produkte haben in der Vergangenheit ihren Markenbonus verspielt, gerade weil sie sich nicht angepaßt haben. Zusätzlich hat eine in der jüngsten Vergangenheit beliebte Verhaltensweise (besser: Unsitte) zu Markenerosionen und Auflösungen des Markenprofils beigetragen – die Marken-Diversifikation.

Gestärkt durch die wirtschaftlichen Erfolge von Marken und in der Hoffnung unbegrenzter Transferwirkungen wurde der „gute Name" für die vielfältigsten Aktivitäten und Produkte benutzt. Der Markenname wurde wie ein Unternehmensname gehandhabt und im Zuge der Diversifikation einer ganzen Reihe von unterschiedlichen Produkten angehängt, die beim besten Willen wenig miteinander gemein haben. So fragte sich der Verbraucher sicherlich, worin der thematische Zusammenhang zwischen Melitta-Filterpapier, -Alufolie, -Luftbefeuchter bestehen möge. Ebenso mögen sich die Mitarbeiter gefragt haben, worin nun ihre spezifische (Marken-) Kompetenz bestehe – in aromatischem Kaffeeduft, geruchssicher abgekapseltem Käse oder Lufthygiene.

Derartige Ausweitungen und Vermarktungen des Markennamens führen zwangsläufig zu Nivellierungen des Markenprofils. Die unverwechselbare, einzigartige Markenaura und die Markensymbolik lösen sich auf. Die Marke verliert ihre Persönlichkeit und damit ihre Orientierungsfunktion für den Verbraucher. Eine der Grundregeln der Domizlaffschen Markentechnik, „die Verwendung eines Namens muß auf ein Erzeugnis oder eine möglichst konzentrierte Idee verwendet werden", wird hierdurch verletzt. Der Vertrauensbonus wird auf diese Art und Weise verspielt – das hat auch Melitta erkannt und seine Strategie geändert.

Vertrauen in eine Marke bedeutet zugleich Vertrauen in ein Unternehmen und umgekehrt. Die Transfer-Wirkung ist bei jenen Unternehmen, bei denen der Firmen- und Markenname identisch ist, sicherlich am stärksten, denn durch das Markenerlebnis entsteht eine bestimmt Vorstellung, die auch mit dem Hersteller assoziiert wird.

Bei der Entwicklung der Corporate Identity kommt eine Firma also nicht umhin, sich mit der Identität und dem Profil ihrer Marken zu beschäftigen und sie als Basis ihrer eigenen Identität ins Kalkül zu ziehen. Eine auf Zukunftstechnologie ausgerichtete Brand Identity wird schwerlich auf die Traditionalität der Unternehmung verweisen können, wenn das Unternehmen nicht stets auf Zukunftstechnologie ausgerichtet war. Markenpersönlichkeit und Markenanspruch müssen nämlich übereinstimmen.

Aufgrund der schnellen technologischen Entwicklung und damit verbunden der Kurzlebigkeit der Produkte wird es heute immer schwieriger, Marken im klassischen Sinne aufzubauen. Markenprodukte verschwinden häufig vom Markt, bevor sie zu Markenpersönlichkeiten heranreifen konnten. Beständigkeit im Wandel können Unternehmen eher bieten und besser gewährleisten als Marken. Dennoch ist die Auffassung, CI würde die klassische Markentechnik ablösen, nicht ganz richtig. Richtig ist vielmehr, daß die Markentechnik eine Maßnahme im Rahmen des gesamten CI-Konzeptes und der Realisierung von Corporate Identity darstellt.

2.3 Instrumente für die Umsetzung eines CI-Konzeptes

Zahlreiche Beiträge und Veröffentlichungen zum Thema Corporate Identity zeigen: Berater wie Unternehmen sind auch heute noch der Meinung, Corporate Identity über einzelne Aktivitäten wie Design, Kommunikation verwirklichen zu können. Beide Maßnahmen sind allerdings nach derzeitigem Verständnis Elemente des CI-Mixes, die sich dem Primat einer definierten Identität zu unterwerfen haben. Ihr Nutzen und ihre Zweckbestimmtheit ist darin zu sehen, die Identität, das Selbstverständnis mit visuellen und kommunikativen Mitteln nach außen zu tragen, sozusagen als Fixpunkte, die den formalen Wiedererkennungswert bestimmen. Gleichwohl sind sie Hilfsmittel, die den Prozeß der Identifikation − intern wie extern − erleichtern und die Identitätsentwicklung fördern.

2.3.1 Design

Optische Signale und Zeichen sind für die Durchsetzung der Corporate Identity von immanenter Bedeutung. Einfache Zeichensysteme dienten von jeher der raschen Verständigung zwischen den Menschen und erleichtern das Wiedererkennen. Im Rahmen der CI-Arbeit liefern sie erste Impulse zur Wahrnehmung der Unternehmensidentität, da sie leichter zu erfassen und zu verarbeiten sind als die wesentlich komplexeren Verhaltensweisen, Handlungen und Haltungen.

So hatten lange Zeit jene Unternehmen, die über eine klare Designausssage verfügten (Braun, Olivetti), erhebliche Wettbewerbsvorteile. Der Designgedanke, von den Firmengründern oder deren Erben in das Unternehmen hineingetragen, hatte entscheidend das kulturelle Klima geprägt. Echte Braunianer haben eine intensive Beziehung zum (Braun-)Design, es ist selbstverständlicher Bestandteil ihrer Lebensphilosophie.

Wie wichtig und bedeutsam das Design für die Identitätsentwicklung oder nachvollziehbare Identitätsrealisierung ist, belegt das Beispiel von BMW. Entsprechend der Philosophie wurde schon recht früh ein formales Gestaltungskonzept für die Händlerbetriebe entworfen und sukzessive, aber kontinuierlich umgesetzt. Die Händler wurden auf ein definiertes Design- und Architekturkonzept festgelegt. Ziel dieser Maßnahmen war, „daß jeder Betrieb durch Leistung und Erscheinungsbild das Image von BMW vor Ort positiv prägt".[11] Gestützt durch eine klare Produktphilosophie und deren Umsetzung wuchs das Vertrauen in die Marke und trug zu dem vorhandenen Corporate Image der Unternehmensmarke bei. Mit anderen Worten „die Qualität von Produkt und Dienstleistung eines Unternehmens wird mit den Werten des Erscheinungsbildes identifiziert".[12]

Designmaßnahmen stellen daher einen wesentlichen Eckpfeiler innerhalb des CI-Mixes dar, denn Corporate Identity und Corporate Design sind untrennbar miteinander verbunden und erleichtern den Weg zur Wahrnehmung der ganzheitlichen Identität durch visuelle Impulse.

Entscheidend zum Erfolg von SAS haben zwei Dinge beigetragen:

1. die schriftliche Willenserklärung des Managements zur Veränderung und Festschreibung dieser Absicht in einer Broschüre, genannt die „Bibel von Jan Carlzon", hat die Mitarbeiter für die Problemlage sensibilisiert;

2. die nachvollziehbaren, erlebbaren Zeichen haben zusätzlich die Ernsthaftigkeit der Willenserklärung unterstrichen.

Eines der wichtigsten Zeichen war die Änderung der Uniformen der Mannschaft. Darüber hinaus stärkte der „Wert" der Kleidung – sie wurde von bekannten skandinavischen Modedesignern entworfen – das Selbstwertgefühl der Mitarbeiter und wirkte sich damit positiv auf die Identifikation mit dem Arbeitgeber aus.

Design kann zum Erfolgsfaktor für die Realisierung von Corporate Identity werden, allerdings kann sie Corporate Identity nicht entwickeln, es sei denn, Design ist Grundphilosophie und Teil des Unternehmenszweckes.

Die Arbeit am Corporate Design ist auch in anderer Hinsicht bedeutsam. Durch Expansion und Diversifikation ist bei einigen Unternehmen eine

Vielfalt der visuellen Ausdrucksmittel entstanden. Dadurch wurde ein Grad an Design-Konfusion erreicht, der dem Verbraucher und dem Mitarbeiter die Orientierung erschwert. Die Produkte, Broschüren und Gebrauchsanweisungen, aber auch hausinterne Mitteilungen, Schulungsunterlagen, Verlautbarungen sind derart unterschiedlich gestaltet, daß es auf den ersten Blick so wirkt, als ob jede dieser Broschüren aus einem anderen Unternehmen stammte.

Diese Vielfalt der visuellen Ausdrucksmittel ist häufig das Ergebnis eines internen Design-Wettkampfes, dessen Ursache in einer ungenügenden Kommunikation und einem mangelnden inneren Zusammenhalt zu sehen ist. Jede Abteilung glaubt, die alleinige Designkompetenz zu besitzen, und vertritt darüber hinaus die Auffassung, daß jedem Betrachter sofort verdeutlicht werden müsse, von welcher Abteilung das schriftliche Material angefertigt wurde. Im Vordergrund steht also die Zugehörigkeit zu einem bestimmten Bereich, zu einer bestimmten Abteilung und nicht die Zugehörigkeit zu einem bestimmten Unternehmen.

Nach Wachstumsphasen stellt sich häufig – bei Mitarbeitern, Kunden, in der Öffentlichkeit – die Frage nach der eigentlichen Kompetenz des Unternehmens. Neue Geschäftsfelder mit einem unterschiedlichen visuellen Auftritt flachen das ehemals eindeutige Profil zunehmend ab. Damit wird eine Abgrenzung zum Wettbewerber immer schwieriger.

Dies erkannte vor einigen Jahren das Unternehmen Vorwerk. Ursprünglich als Hersteller von hochwertigen Staubsaugern bekannt, die ausschließlich durch ein eigenes Vertriebssystem verkauft wurden, hatte das Unternehmen in weitere Bereiche, wie Teppichböden, Einbauküchen, Möbelstoffe diversifiziert. Eine Untersuchung ergab, daß das verwendete Markenzeichen „Vorwerk" und die zusätzlich eingeführten Bereichsbezeichnungen wenig Klarheit vermittelten und demzufolge eine Positionierung in der Verbrauchervorstellung erschwerten. Die angestrebte Marktkompetenz und der Qualitätsanspruch konnten durch das eher zufällig entstandene Unternehmensbild mit seinen unterschiedlichen Designmerkmalen nicht verständlich transportiert werden.

Auf Basis der Unternehmensgrundsätze wurde schließlich ein Designkonzept entwickelt, das unterschiedliche Einbeziehungsgrade in die Gruppenidentität vorsah. Zusätzlich wurden anstelle der bisherigen Bereichsbezeichnungen wie „Elektro" Tätigkeitsbezeichnungen wie „Raumpflege, Einbauküchen" eingeführt. Bei Teppichböden entschloß sich das Unternehmen, die Dachmarke als Produktmarke einzusetzen.

Im Teppichbereich war die klare Trennung in Geschäftsfelder Chance und Ausgangspunkt für die Entwicklung einer eigenständigen „Marke" mit einer spezifischen Kompetenz. Die Zuordnung zu Vorwerk hatte für die gesamte Unternehmensgruppe positive Auswirkungen. Zunehmend werden mit dem Namen neben dem Produkt „Staubsauger" weitere Produkte wie Teppichböden und Küchen assoziiert.

Einigen Unternehmen ist es gelungen, Symbole in Form von Firmenzeichen zu etablieren, die für sich allein eine ganz spezifische Assoziation auslösen und eine eindeutige Zuordnung bewirken. Ein gutes Beispiel hierfür ist der „Stern" von Mercedes-Benz. Er hat ein hohes Maß an Eigenständigkeit erreicht und wird auch ohne den Zusatz des Markennamens den Produkten Personenkraftwagen und Nutzfahrzeugen zugeordnet. Weltweit ist dieses Zeichen zum Symbol für die Qualität von Automobilen geworden.

Auch bei der Fusion von verschiedenen Firmen, wie z. B. der Deutschen Aerospace AG, ist die Etablierung eines visuellen Merkmals – flankiert von weiteren Maßnahmen – Ausgangspunkt für den Prozeß des Zusammenwachsens. Im Hinblick auf Bekanntheitsgrad und Image der fusionierten Unternehmen ist dieser Prozeß schrittweise durchzuführen. Ein „neues" Firmenzeichen/Signet in Verbindung mit dem traditionellen Zeichen bewirkt zweierlei:

a) Die Mitarbeiter haben nicht das Gefühl des abrupten Identitätsverlustes und damit der Orientierungslosigkeit. Aggression und Ablehnung gegenüber der „neuen" Firma können so auf ein erträgliches Maß reduziert werden;

b) die externen Partner der fusionierten Unternehmen, wie z. B. Kunden, Lieferanten, erkennen die Firma immer noch und *lernen* die neue Zugehörigkeit.

In Fällen wie z. B. der Deutschen Aerospace AG, in denen verschiedene Firmen mit einer hohen Marktreputation und exzellenten Produkten verschmolzen worden sind, ist – ähnlich wie bei UTC (vgl. S. 30) – ein Imagetransfer zu erwarten (vgl. Abbildung 6).

Auch die Mitarbeiter erfahren und lernen diesen „Mehrwert". Damit ist eine gute Voraussetzung geschaffen, näher zusammenzurücken. Das Signet ist Signal auch für einen mentalen Integrationsprozeß, der freilich durch weitere Maßnahmen begleitet werden muß. Peu-à-peu können die „alten" Firmenzeichen wegfallen – sofern gewünscht.

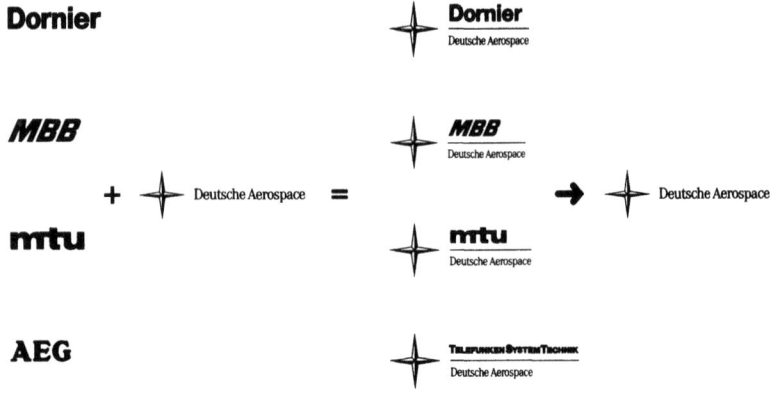

Abbildung 6: Logo-Entwicklung während des Integrationsprozesses

Design ist ein geeignetes und notwendiges Instrumentarium zur „symbolischen Identitätsvermittlung" und maßgeblich am Prozeß der Imagebildung beteiligt. Die Design-Maßnahmen dürfen jedoch nicht dem Zufall überlassen bleiben, sondern von der Beliebigkeit zur Verbindlichkeit geführt werden, um dem Anspruch eines Corporate Design gerecht zu werden. Auf der Basis der Unternehmens-Philosophie und eines verabschiedeten Identitäts-Konzeptes ist ein formaler Gestaltungsrahmen mit einer Anzahl konstanter Elemente zu definieren, der den „systematisch aufeinander abgestimmten Einsatz aller visuellen Elemente der Unternehmenserscheinung, wie unternehmenstypische Zeichen, Farben, Schrifttypen und Gestaltungsraster"[13], festlegt. Nur so kann es gelingen, daß ein Corporate Design als konzentrierter Ausdruck der Persönlichkeit und des Selbstverständnisses der Unternehmung entsteht.

Die Entwicklung formaler Gestaltungsrichtlinien hat darüber hinaus noch einen wirtschaftlichen Nutzen. Einheitliche Gestaltungsraster und Komponenten bewirken bei der Entwicklung und Produktion von Druckschriften, Werbematerialien, Messestands-Exponaten, Formularen erhebliche Rationalisierungspotentiale im Hinblick auf Zeit und Kosten.

Marktpsychologische Untersuchungen haben nachgewiesen, daß eine klare Design-Linie den Impact-Wert und den Bekanntheitsgrad eines Unternehmens und seiner Produkte beträchtlich erhöhen kann. Daraus ergeben sich zusätzliche Einsparungsmöglichkeiten im Marketing-Bereich, durch Reduzierung der Aufwendungen für Werbung und Verkaufsförderung.

Ein gutes, modernes und durchgängiges Design schafft Akzeptanz und wirkt attraktivitätsfördernd. Investitionen in das Design sind deshalb Investitionen in das Unternehmen und den Markt, die sich jederzeit auszahlen.

Ein attraktives Design wirkt sich sowohl intern wie extern positiv aus. Als die Deutsche Aerospace AG 1991 beim Aerosalon in Paris-Le Bourget erstmals mit einem komplett neuen Architektur- und Design-Konzept auftrat, hatte dies einen für mich ungeheuer positiven Effekt. Schon während des Aufbaus kamen Wettbewerber und Kollegen von anderen Firmen, um den Stand zu photographieren. Das erfüllte die anwesenden Mitarbeiter mit einem enormen Stolz. Auch der größte Teil der Mitarbeiter, die während der Messe Dienst hatten, und die Führungskräfte waren begeistert. Die Folge war, daß weniger als in den beiden Jahren davor z. B. zu hören war, „ich bin von MBB". Viele Mitarbeiter fühlten sich nun der „DASA" zugehörig.

Auch das Unternehmen „Deutsche Aerospace AG" erzielte durch diese Aktion einen ungeheuren Schub hinsichtlich des Bekanntheitsgrades, und zwar sowohl bei Wettbewerbern, Lieferanten, Kunden als auch in der internationalen Presse.

Grundsätzlich ist jedoch zu beachten: Zeichen, Signets und Design sind Botschaftsträger und Hinweise auf die Unternehmensidentität, die jedoch nur selten wie der „Stern", der „Kranich" oder das „Bayer-Kreuz" allein ihre gesamte kommunikative Wirkung entfalten. Die Symbole müssen deshalb meist durch verbale Botschaften ergänzt werden, die den Sinn der Zeichen unterstützen. Auch SAS verließ sich nicht allein auf die zündende Kraft eines neuen Designs, sondern intensivierte diesen Prozeß durch klare verständliche Botschaften nach innen sowie gezielte PR- und Werbearbeit nach außen.

2.3.2 Kommunikation

Die Darstellung der Identität ist ohne Interaktion und Kommunikation nicht möglich. Folglich kommt CI nicht ohne gezielte, ganzheitliche Kommunikationsarbeit aus. Selbstverständlich ist auch Design ein Kommunikationsmittel. Die folgenden Ausführungen konzentrieren sich allerdings mehr auf die sprachlichen Aspekte der Kommunikation.

Erste Ansätze in diese Richtung gab es bereits in den 60er Jahren im Rahmen der institutionalisierten Werbung der Ölkonzerne, später chemische und pharmazeutische Industrie, Banken und Versicherungen. Durch offensive Darstellung des Produktnutzens (Esso: „Packen wir's an"), des Produktumfeldes und der volkswirtschaftlichen Leistung der Unternehmung sollte das ins Zwielicht geratene Image aufpoliert werden. Die Unternehmen wollten ihr Verantwortungsbewußtsein und ihre gesellschaftspolitischen Problemlösungsbeiträge darlegen, um Akzeptanz zu erreichen und die Kritik zu reduzieren. Doch die Anstrengungen konzentrierten sich ausschließlich nach außen und hatten daher allenfalls den Rang von Imagekampagnen. Der für die Identitätsentwicklung bedeutsame interne Aspekt wurde vernachlässigt.

Dennoch ist der Wert solcher Kampagnen, in denen der Kompetenzanspruch des gesamten Unternehmens dargestellt wird, nicht zu unterschätzen. So kann die Publikation eines Konzerns und der dazugehörigen Firmen sowohl intern wie extern zu erheblichen Konsequenzen im Sinne eines positiven Imagetransfers beitragen. Prominentes und vielzitiertes Beispiel hierzu ist UTC. Durch werbliche Maßnahmen wurde die Bekanntheit erhöht, die Börsennotierungen stiegen an, die Absatzzahlen verbesserten sich, die Attraktivität als Arbeitgeber nahm zu, und das Zusammengehörigkeitsgefühl wurde gestärkt. Der Effekt der höheren Attraktivität des Unternehmens am Markt kann mit einem Satz von Lynn Townsend umschrieben werden: „Kunden kaufen mehr als nur Produkte. Sie neigen dazu, die Firma zu kaufen, die das Produkt herstellt."[14] Je mehr attraktive Produkte eine Firma zu bieten hat, um so höher ist die Affinität zu einem Unternehmen.

Integrierte Kommunikationsarbeit ist noch aus einem anderen Gesichtspunkt heraus von Bedeutung. Die sozialpsychologisch ausgemachte Vertrauenskrise wird leider allzu häufig als ein Informationsdefizit ausgemacht. Das Gegenteil ist der Fall. Die explosionsartig zunehmende Informationsflut führt zu kognitivem Streß, den der Betrachter durch Rückzug auf bestehende Vorurteile zu reduzieren versucht. Werbung und öffentliche Aussagen von Unternehmen gelten als tendenziös und werden insgesamt sehr kritisch betrachtet. Immer mehr Menschen bilden sich deshalb ihre Meinung bevorzugt aufgrund von pseudo-neutralen Pressenotizen. In der Folge werden dann nur noch Informationen aufgenommen und akzeptiert, die die bestehende Meinung bestätigen. „Abweichende Informationen sind interessensverdächtige Manipulationen oder werden verdrängt."[15]

So genügen häufig voreilige negative Pressenotizen, um Unternehmen zu desavouieren. Im Fall Herborn wurde vorschnell das System des Fahrzeugs für den Unfall verantwortlich gemacht. Erst nach Wochen wurde diese Aussage korrigiert, nachdem klar war, daß Versäumnisse des Fahrzeughalters zu dem Unfall geführt hatten. Doch solche Ereignisse prägen sich im Gedächtnis der Menschen ein und tendieren dazu, bei ähnlichen Gelegenheiten wieder aktualisiert zu werden.

In vielen Fällen sind negative Presse-Reaktionen auf eine verfehlte, weil widersprüchliche Pressepolitik zurückzuführen. Anstelle einer klaren eindeutigen Aussage, die eine geschlossene Haltung demonstriert, werden eine Vielzahl von Einzelstatements von unterschiedlichen Personen abgegeben, die sich zum Teil widersprechen. Damit werden alle Aussagen der Unternehmung, gleichgültig ob werbliche Produktinformationen oder Stellungnahmen im Rahmen der Öffentlichkeitsarbeit, unglaubwürdig erscheinen. Unternehmenspolitische „Schönfärberei" hilft auch bei dramatischen Ereignissen wie dem Gift-Skandal in Basel nicht weiter. Verschleierungstaktiken werden in der Regel relativ schnell erkannt und als Irreführung deklariert. Nicht wenige Firmen haben in der Vergangenheit auf diese Weise ihren Vertrauensbonus verspielt und an Attraktivität eingebüßt.

Corporate Communication ist ein Ausdruck dafür, daß die gesamte Unternehmens-Kommunikation – Mitarbeiter-Information, PR-Arbeit, Werbung, Sponsoring und personale Kommunikation – an deren Selbstverständnis und der „Corporate Mission" orientiert ist.

Die Einzelaktivitäten ergänzen sich gegenseitig und vermitteln mit jeder Maßnahme auf prägnante Weise den „Geist des Hauses". Im Rahmen der Corporate-Communication-Arbeit wird die ethische und umweltpolitische Verantwortlichkeit deutlich. Durch den kontinuierlichen Dialog werden die Ziele, die sozial- und gesellschaftspolitischen Beiträge der Unternehmung transparent. Auf diesem Wege kann es gelingen, Widerstände und Vorurteile ab- und zu einem Vertrauensbonus aufzubauen.

Isolierte PR-Aktivitäten und Einzelmaßnahmen können diese Aufgabe nicht leisten, weil sie losgelöst vom Gesamtzusammenhang wie eine „andere" Werbemaßnahme wirken.

Hinzu kommt ein anderer Aspekt. Unternehmen konkurrieren in vielfältigen Bereichen mit zum Teil unterschiedlichen Wettbewerbsverhältnissen: als Anbieter im Verbrauchermarkt, als Arbeitgeber im Arbeitsmarkt, als Abnehmer im Lieferantenmarkt, als Kreditnehmer im Finanzmarkt. Jeder dieser Märkte hat seine spezifischen Besonderheiten, Sprachgewohnheiten. Um die Anforderungen und Informationsbedürfnisse aller Adressaten zu erfüllen, bedarf es eines klaren Konzeptes, das ein Optimum an Gemeinsamkeiten und differenzierte Ansprachemöglichkeiten bietet. Die Inszenierung und Thematisierung der Unternehmensidentität durch Corporate-Communication-Arbeit schafft eine solche gemeinsame Basis, die eine Fülle von Synergie-Potentialen bietet. Die Grundbotschaft bleibt gleich, denn die Informationserwartungen der Menschen sind ähnlich. Lediglich die spezifischen Inhalte und Ausdrucksweisen müssen dem Empfängerkreis angepaßt werden. Die Informations- und Kommunikations-Strategie gegenüber verschiedenen Zielgruppen baut auf dem gleichen Muster auf und vermeidet damit Widersprüchlichkeiten und Doppelarbeiten.

2.4 Die Wirkungen von CI-Maßnahmen

Die CI-Thematik wurde bisher fast ausnahmslos unter Aspekten der Realisierung, also dem Einsatz des Instrumenten-Mixes betrachtet. Entscheidend sind allerdings, wie wir aus der Image-Forschung wissen, die Wirkungen, die beim Betrachter ausgelöst werden.

Die kommunikative Wirkung von Corporate Identity setzt sich aus zwei Komponenten zusammen, die gleichermaßen vom Empfänger verstanden werden müssen, um den beabsichtigten Erfolg zu sichern. Zum einen sind dies die *thematischen Informationen,* die bewußtseinsfähig und reproduzierbar sind, zum anderen die *unthematischen Informationen,* die mehr emotional wirksam werden und den Charakter von Anmutungsqualitäten besitzen.

Zu den thematischen Informationen gehören:

a) sachliche Daten über Name, Standort, Bezugsquellen, Produkteigenschaften, Unternehmensgröße etc.;
b) emotionale Botschaften mit Signalwirkung für den Imagebildungsprozeß in Richtung Symphathie/Antipathie.

Hierunter fallen verbale Informationen mit appellativem Charakter, die sich dauerhaft im Gedächtnis des Betrachters festsetzen, wie „Das grüne Band der Sympathie", „Ich trinke Jägermeister, weil . . .".

Die für das konkrete Verhalten bedeutsamere Wirkung entfalten allerdings die unthematischen Informationen. Aus verbalen Äußerungen, typischen Verhaltensweisen, Design- und Gestaltungselementen entsteht ein erlebnismäßiges Bild, das nicht unmittelbar beschreibbar und thematisierungsfähig ist. Die vielfältigen Eindrücke stiften gefühlsartige Zustände, die Sympathie oder Antipathie auslösen, aber nicht reproduziert werden können. Sie dienen der Vervollständigung der thematischen Informationen, können Vertrautheit schaffen.

Jegliche Kommunikation enthält beide Informationsaspekte, die sich gegenseitig ergänzen und stützen oder widersprechen können.

Intern entfalten sich bereits im Verlauf der Entwicklung und Umsetzung eines definierten Identitäts-Konzeptes einige unthematische Wirkungen. Ausschlaggebend dafür ist, wie an die Problemstellung und Aufgabe herangegangen wird, inwieweit es gelingt, die Mitarbeiter einzubinden, ihre Erwartungen und Vorstellungen zu berücksichtigen. Mitarbeiter, die erst im nachhinein über das Ergebnis informiert, sozusagen vor vollendete Tatsachen gestellt werden, können kaum die nötige Motivation aufbringen, sich für die in der CI-Konzeption formulierte unternehmerische Vision einzusetzen. Mangelnde Information und Beteiligung wirken unthematisch wie mangelnde Wertschätzung, führen zum „Not-Invented-Here-Syndrom". Folglich ändert sich nichts, oder es tritt das Gegenteil von dem ein, was eigentlich bezweckt war.

Partizipation schafft Betroffenheit. Sie ist zudem die Garantie dafür, daß verständliche Identifikations-Anreize formuliert werden, die, von allen Organisationsmitgliedern mitgetragen, eine Orientierungshilfe für das Verhalten bieten. Der Prozeß wird damit zum ureigensten Anliegen aller. Unterstützt durch attraktive visuelle Impulse entsteht ein kollektives Selbstwertgefühl, ein „Wir-Bewußtsein". Die Mitarbeiter identifizieren sich mit „ihrer" Firma und tragen damit ganz wesentlich zur Kongruenz zwischen Handlungen und Haltungen bei. Die so formulierte Identität wird zum integralen Bestandteil der Unternehmenskultur, es entsteht eine Corporate Culture.

Extern führen die Maßnahmen, Symbole, Zeichen und Aussagen zu einer ähnlichen Wirkung. Gestützt durch das Verhalten der Mitarbeiter, dem Corporate Behavior als unmittelbarem Ausdruck der Kultur, in Verbindung mit gleichmäßig exzellenten Leistungen entsteht der Eindruck von Kompetenz. Die Unternehmung wird als strukturierte Persönlichkeit erkannt und akzeptiert. Die einheitliche Ausrichtung von Verhalten und Kommunikation verleiht dem Unternehmen ein klares Profil im Sinne eines Corporate Image und trägt damit ganz wesentlich dazu bei, daß die Betrachter sich ebenfalls mit dem Unternehmen und seinen Zielen identifizieren können. Sie gewinnen Vertrauen und verhalten sich gegenüber dem Unternehmen loyal (Abbildung 7).

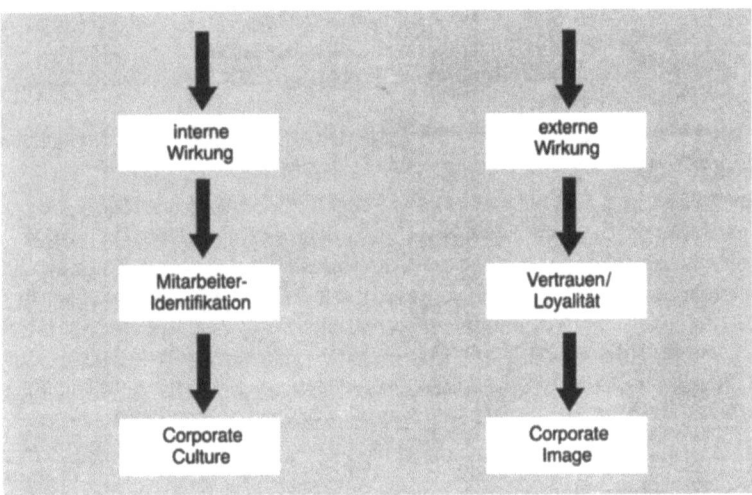

Abbildung 7: Wirkungen von Corporate Identity

Vereinfacht dargestellt, basiert CI auf zwei psychologischen Wirkungsmechanismen (Abbildung 8):

1. Der externen Identifikation, das heißt Solidarisierung der Umwelt, des Verbrauchers, der Geschäftspartner mit dem Unternehmen und seinen Produkten und
2. der internen Identifikation, das heißt Solidarisierung der Mitarbeiter mit dem Unternehmen, seinen Zielen und Produkten.

Die Anreize für die beiden psychologischen Wirkungen sind teilweise identisch. Anreiz für die externe Identifikation bieten die Produkte, das Erscheinungsbild und die wahrnehmbare interne Identifikation. Anreize für die interne Identifikation bieten ebenfalls die Produkte und das Erscheinungsbild und in besonderem Maße die Unternehmenskultur.

Gerade im Hinblick auf gesellschaftspolitische Ereignisse gewinnt die interne CI-Wirkung und die sich daraus ergebende informelle PR-Wirkung an Bedeutung. Einige Industriebereiche sind wegen umweltbelastender oder unter ethischen Gesichtspunkten anfechtbarer Verhaltensweisen (Tierversuche) in die Schlagzeilen geraten. Doch trotz starker öffentlicher Kritik ist es vielen gelungen, in ihrer mittelbaren und unmittelbaren Umwelt Akzeptanz und Ansehen zu bewahren. Die informelle Kraft der positi-

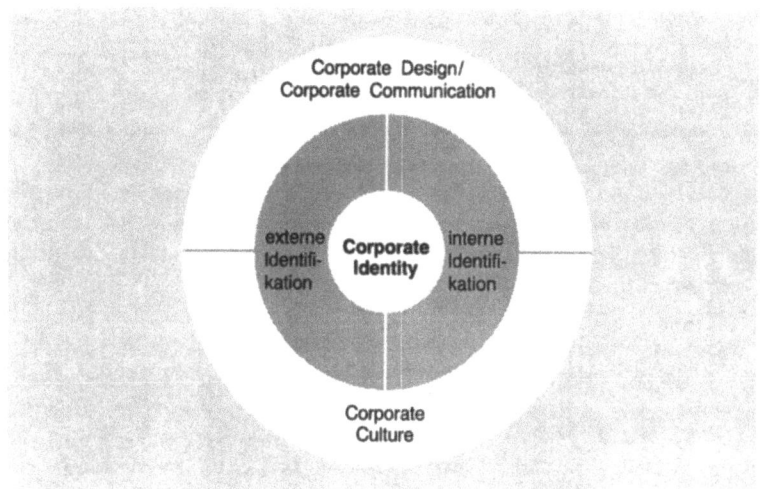

Abbildung 8: Das Mannheimer Corporate-Identity-Modell

ven Unternehmenskultur und die vorhandene Mitarbeiteridentifikation half dabei, diese Schwierigkeiten zu überwinden. „Unternehmen etwa, deren Zielsetzungen und Verhalten unter ökologischen Gesichtspunkten diskutiert und kritisiert werden, haben oft kaum ausreichende Möglichkeiten, mit klassischen Kommunikationsmitteln eine überzeugende und glaubwürdige Selbstdarstellung zu betreiben. Werden dagegen die eigenen Mitarbeiter aufgrund der besonderen Identifikation in ihrer sozialen Umgebung informell tätig, so läßt sich u. U. eine wirksamere Beeinflussung der Öffentlichkeit, zum Beispiel einer Gemeinde, erreichen."[16]

2.5 Von der Corporate Personality zum Corporate Image

Corporate Personality ist ein Begriff, der im Begriffswirrwarr von Corporate Identity zunehmend häufiger auftaucht. Nach Reinhardt[17] ist die Verwendung dieses Begriffes vor allem bei jenen Autoren zu finden, die Unternehmensidentität nicht allein auf das visuelle Erscheinungsbild beschränken, sondern vielmehr einen ganzheitlichen Standpunkt vertreten.

69

Einige Corporate-Identity-Berater, die originär mehr dem Designgedanken verhaftet waren, haben versucht, diesen Gedanken aufzugreifen und in der Praxis umzusetzen. So ist für Lux[18] die Unternehmenspersönlichkeit der Ausgangspunkt der Corporate-Identity-Planung. Er geht von einer Analogie der Unternehmenspersönlichkeit und der Individualpersönlichkeit aus und versucht mit Hilfe des modifizierten Persönlichkeitsmodells von Guilford den Ist-Zustand der Identität zu erfassen. Nach dem Modell, das starke Ähnlichkeiten zum 7-S-Modell von McKinsey aufweist, läßt sich Unternehmenspersönlichkeit durch ein Konglomerat von sieben historisch gewachsenen und relativ konstanten Merkmalen beschreiben. Die Merkmale manifestieren sich in den unternehmerischen Verhaltensweisen und sind den individualpsychologischen Wesenszügen vergleichbar. Das Erkennen der Ausprägung der jeweiligen Merkmale im Sinne eines „Sich-Selbst-Verstehen-Lernens" steht am Anfang des Corporate-Identity-Prozesses. Die individuellen Merkmalsausprägungen sind nach Lux die entscheidenden Faktoren für die Durchsetzungsfähigkeit eines Konzeptes.

Damit wird die semantische und interpretative Nähe zur Unternehmenskultur deutlich. Es scheint allerdings sinnvoll, eine Trennung und eindeutigere Zuordnung der beiden Begriffe vorzunehmen. Ein Rückgriff auf die eingangs erwähnten Formen der Individualidentität scheint hier erneut angebracht. Danach wurde unterschieden zwischen individueller Identität und sozialer Identität. Die individuelle Identität bezieht sich auf die Einzigartigkeit des Denkens und Fühlens eines Individuums – also einen Prozeß, der sich zunächst von der Außenwelt unbemerkt vollzieht. Die inneren Denkstrukturen prägen das Verhalten und die Austauschbeziehungen mit der Umwelt und bestimmen damit, ob eine Person mit der Umwelt kommunizieren kann oder nicht. Als Identität oder Persönlichkeit wahrnehmbar werden Menschen – und im gleichen Maße auch Organisationen jedweder Art – allerdings erst dann, wenn sie sozial interagieren. Die individuelle Identität entspricht damit dem Konzept der Unternehmenskultur, die den Stil und die Richtung der Kommunikation bestimmt.

Die soziale Identität repräsentiert dagegen den äußeren Teil der Einzigartigkeit, den Teil, der durch die Umwelt wahrgenommen wird. Sie wird bestimmt durch die Produkte, die Dienstleistungen, die Handlungen und das Verhalten der Person, den Umgangsformen im weitesten Sinne. Über Taten gibt sich die Person in ihrer Individualität zu erkennen. Daher bezieht sich das Attribut „Persönlichkeit" mehr auf den wahrnehmbaren Teil der Identität. Auf Unternehmen bezogen ist die Corporate Personality das Ergebnis der Selbstdarstellung durch den Einsatz des Corporate-Identity-

Mixes. Mit anderen Worten, die Unternehmenspersönlichkeit ist die von Austauschpartnern bemerkte und im Gedächtnis gespeicherte Kultur, als Ergebnis des Verhaltens und Aussehens der Firma.

Diese Sichtweise spiegelt sich in einer Definition wider, die im Rahmen einer Projektgruppe des deutschen Kommunikationsverbandes e.V. formuliert wurde, in der sowohl Peter C.G. Lux, Bodo Rieger, Dr. Gert Gutjahr als auch ich selbst mitarbeiteten. Nach stundenlangen Diskussionen haben wir uns darauf geeinigt: „Corporate Personality oder Unternehmenspersönlichkeit ist die ganzheitliche Wahrnehmung und synergetische Wirkung aller Ausdrucksformen und -dimensionen des Unternehmens und des unbewußten und bewußten Handelns einer Mehrzahl seiner Führungskräfte und Mitarbeiter als Ergebnis entweder einer ausgeprägten Corporate Culture oder konsequenter Verfolgung der Corporate Identity." Diese Definition ist nach wie vor richtig, klingt allerdings äußerst theoretisch und ist leider sehr wenig kommunikativ. Lassen Sie mich deshalb die Definition vereinfachen: Unternehmenspersönlichkeit ist das, was die Öffentlichkeit von der Unternehmung wahrnimmt, im weitesten Sinne das Profil einer Firma. Corporate Personality als Ergebnis der Corporate-Identity-Arbeit gibt den Charakter des Unternehmens wider und ist „Ausdruck .... (seiner) Einstellung zur Umwelt."[19]

Die Wahrnehmung der Firma, das Profil der Firma ist – analog zu Marken – die. Voraussetzung für die Imagebildung. Auf den Corporate-Identity-Prozeß bezogen bedeutet dies: Die Unternehmensrealität ist die Arbeitsgrundlage für die Entwicklung eines „machbaren", „umsetzbaren" Corporate-Identity-Konzeptes.

Über den gezielten Einsatz des Corporate-Identity-Mixes, bestehend aus Corporate Design, Corporate Communication und Corporate Behavior, gewinnt das Unternehmen Profil und Personality. Damit wird gegenüber der Öffentlichkeit ein Corporate Image aufgebaut, das Identifikationsanreize und Erkennungsmerkmale schafft und die generelle Basis für Glaubwürdigkeit, Vertrauen und Akzeptanz bietet.

Das „Sich-Selbst-Erkennen" und die „Sich-Selbst-Präsentation" führt mittel- bis langfristig dazu, Selbstbild und Fremdbild in Einklang zu bringen. Das Fatale dabei ist, daß die Dauer, in der ein Image zerstört wird, kürzer ist als jene, die man braucht, um eine positive Corporate Personality aufzubauen. Ist aber erst einmal eine Image-Erosion im Gang und ein Vertrauensdefizit da, helfen keine PR- und Werbemätzchen, denn mit Kommunikation allein kann man nichts herbeizaubern, was dem Unternehmen fehlt.

Betrachtet man die deutsche Unternehmenslandschaft, so ist festzustellen, daß einige wenige Firmen mit ihrer Corporate Personality keine Probleme haben. Viele Firmen haben keine wahrnehmbare Personality und sind deshalb im Meinungsbild der Öffentlichkeit nicht präsent. Andere Firmen wiederum haben ihre Corporate Personality verloren oder befinden sich gerade in einer kritischen Phase der Auflösung.

Gründe für Mangel oder Verlust einer Corporate Personality und damit eines Corporate Image ergeben sich meist aus Widersprüchen im Verhalten oder einem Informationsdefizit. Persönlichkeits- und Imageverlust drohen immer dann, wenn irgendwelche Irritationen oder Dissonanzen auftreten, wie jüngst bei einem bekannten deutschen High-Tech-Unternehmen. Auf der einen Seite wird bei diesem Unternehmen das „Wir-Gefühl" als wesentlicher Erfolgsfaktor beschworen, auf der anderen Seite beuteln öffentlich diskutierte Finanzaffären den positiven Eindruck. Es wird offenbar, daß doch nicht alles „eitler Sonnenschein" ist, weil die Unternehmensrealität durchaus nicht dem positiven Bild entspricht.

Weitere Punkte, die zu einem erheblichen Imageverfall beitragen können, sind die zunehmende Emanzipation der Verbraucher und der Öffentlichkeit. Die Vorstellungsbilder (Images) werden in Frage gestellt und in Relation zur Realität der Produkte (Nutzen) und der dahinterstehenden Unternehmen (gesellschaftspolitische und ethische Verantwortung) gesetzt. Nicht selten treten dabei Diskrepanzen auf, die sich nachteilig auf die Akzeptanz einer ganzen Branche und vor allem eines Unternehmens auswirken. In den vergangenen Jahren waren solche Diskrepanzen besonders bei der chemischen und pharmazeutischen Industrie zu beobachten. So werden von den Pharmaunternehmen einerseits lebensnotwendige Pharmazeutika hergestellt, andererseits werden Präparate, die aufgrund ihrer Substanzen eigentlich kostengünstig angeboten werden könnten, zu „überhöhten Preisen" verkauft, und schließlich erfolgt die Entwicklung und Produktion der Substanzen und Präparate unter ethisch-moralisch und ökologisch bedenklichen Bedingungen. Solchen Unternehmen wird es kaum gelingen, über herkömmliche Strategien ein glaubwürdiges, stabiles und akzeptables Bild beim Verbraucher und in der Öffentlichkeit aufzubauen.

Ebenfalls nachteilig für die Profilierung ist ein Informationsdefizit, das zu einer Divergenz von Identität und Image beiträgt.[20]

Ausgelöst durch mangelnde Information, die häufig eine bewußte kommunikative Zurückhaltung darstellt, werden falsche Images gebildet (z.B. Fichtel & Sachs) oder negative Stereotype (Multis). Dies birgt entscheidende Nachteile in sich, denn ohne aktive realitätskonforme Selbstdarstellung der Unternehmung wird die Imageentwicklung erschwert und damit die Chance eines positiven Goodwill- und Imagetransfers zwischen Unternehmen und seinen Leistungen nicht genutzt. Dies kann sich heute eigentlich keine Firma mehr leisten. Der Wettbewerb verlagert sich in einigen Bereichen nämlich klar vom Produkt- zum Kultur- und Imagewettbewerb, und das Image bildet die zentrale Urteilsbasis sowohl für Mitarbeiter, Kunden, Lieferanten als auch Aktionäre, Geldgeber, Behörden. Entscheidendes Instrument für die Persönlichkeitsdarstellung und den Imageaufbau ist die Kommunikation. Sie hat die Aufgabe, das Unternehmen, die Marke zu inszenieren und das Angebot zu thematisieren.

Unternehmen mit einer bereits vorhandenen, eigenständigen und wettbewerbsfähigen Identität müssen diese aktiv im Sinne einer Corporate Personality herausstellen. Andere Firmen hingegen, bei denen erkennbar ist, daß wegen grundsätzlicher Defizite langfristig geringe Überlebenschancen gegeben sind, müssen einen Identitätswandel und den Aufbau einer „neuen Persönlichkeit" systematisch planen und vorantreiben. Daß dabei Schwierigkeiten auftauchen können, liegt auf der Hand. Probleme entstehen sowohl im innerbetrieblichen Ablauf wie im Außenverhältnis. So dürfte zum Beispiel ein kostenorientiertes Unternehmen erhebliche Schwierigkeiten haben, eine innovative Firma zu werden. Die Kostenorientierung hat zum Aufbau von bestimmten Verhaltensroutinen, Planungssystemen, Strukturen, Hierarchien geführt, und die Mitarbeiterqualifikation wurde in eine bestimmte Richtung entwickelt. Innovationsorientierung erfordert demgegenüber wesentlich lockerere, kreativitätsfördernde Strukturen und andere Qualifikationen der Mitarbeiter.

Im Außenverhältnis ist durch das bisherige Verhalten ein Image entstanden, das dazu beiträgt, daß die Marktpartner die Firma in einem bestimmten Bereich für kompetent, in einem anderen Bereich hingegen für nicht kompetent erachten.

Bei der Re-Definition der Identität darf dieser Aspekt nicht vergessen werden. Die „neue" Persönlichkeit kann nicht kontrovers zur bisher wahrgenommenen Kompetenz formuliert werden. Einem traditionellen Anbieter billiger Massenware traut man nicht so ohne weiteres zu, exklusive Produkte für den gehobenen Bedarf herzustellen.

Identitätsentwicklung oder -evolution und insbesondere Identitätsverän-
derung ist ein langwieriger Prozeß. Im Rahmen des Gesamtkonzeptes der
Corporate Identity gibt es laut Guido Sandler[21] aktive und passive Komponenten (Abbildung 9). Die durch das Identitätsmix gestaltete Corporate
Personality stellt den aktiven Teil der CI dar. Das Corporate Image ist die
Wirkungskomponente im Spiegelbild der Öffentlichkeit und damit der
passive Teil der Corporate Identity.

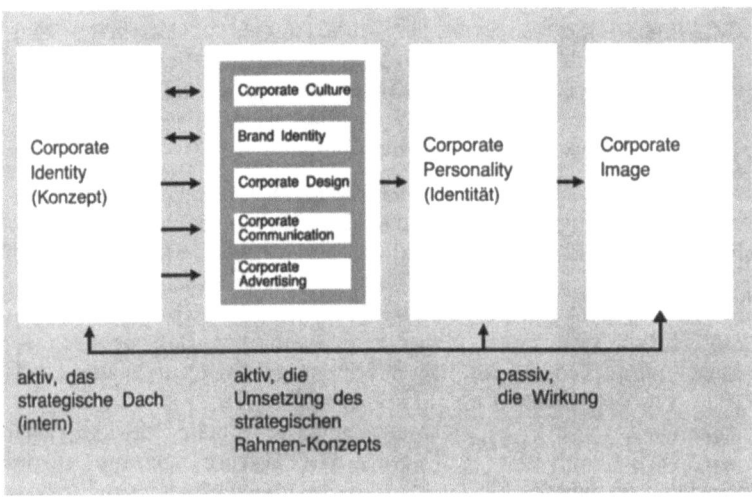

Abbildung 9: Elemente und Einflußfaktoren der Corporate Identity

Teil 3:

Corporate Identity – Messung und Erfolgskontrolle

Genausowenig wie man eine Unternehmens- und Produktstrategie formulieren kann, ohne die verfügbaren Ressourcen und Bedingungen der Märkte zu kennen, kann ein Unternehmen ein Corporate-Identity-Konzept formulieren, ohne genaue Kenntnis der Fähigkeiten, der kulturellen Grundlagen, des Ausmaßes der Mitarbeiteridentifikation und der Images zu haben. Corporate Identity ausschließlich als Wunschgedanke des Topmanagements am grünen Tisch kreiert, wird zwangsläufig an der Realität mit ihren vielfältigsten Hemmnissen scheitern.

Mit den Generälen der Topetage werden zwar die Schlachten geplant, doch gewinnen muß man sie mit der Truppe. Und wer die Moral seiner Truppe nicht kennt, die Motivation und Bedürfnisse der Leute negiert und die Situation als solche außer acht läßt, läuft Gefahr, auch noch so aussichtsreich erscheinende Gefechte zu verlieren. Dieser militärische Vergleich sei erlaubt, denn ein CI-Konzept ist ein strategisches Konzept und der Begriff „Strategie" ist nun mal dem militärischen Sprachgebrauch entlehnt.

Voraussetzung für die Entwicklung und Realisierung eines CI-Konzeptes ist damit die genaue Analyse des status quo – intern wie extern – und die permanente, kontinuierliche Kontrolle des Umsetzungserfolges (Abbildung 10).

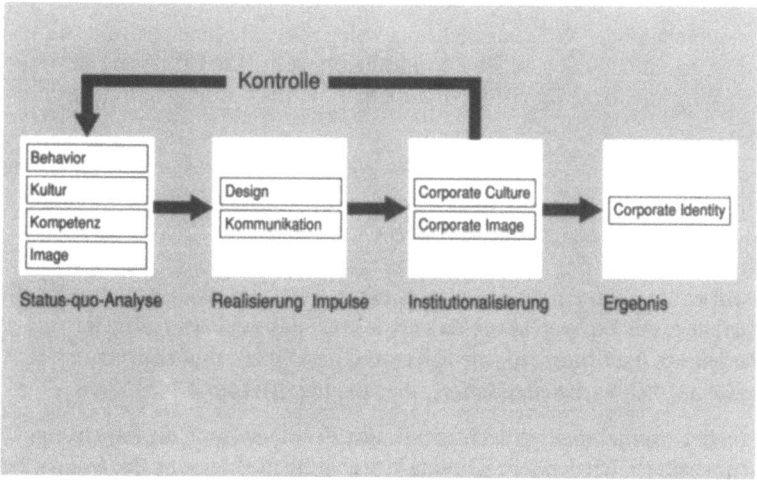

Abbildung 10: Ablauf der CI-Planung

Ein entscheidendes Problem bei der Erfassung des Ist-Zustandes und der Erfolgskontrolle ist der offensichtliche Mangel einer präzisen operationalen Definition von Corporate Identity. Was aber nicht exakt zu beschreiben ist, entzieht sich normalerweise der Messung und Erfassung.

Allein die externe Situation von Corporate Identity läßt sich mit den in vielen Jahren erprobten und verfeinerten marktpsychologischen Methoden der Imagemessung hinlänglich gut erfassen. Das eigentliche Problem stellt deshalb die Messung der internen Situation dar.

Eigene Forschungsaktivitäten[22], die ihrerseits Nachfolgeaktivitäten provozierten, sowie die praktische Beratungstätigkeit haben zur Entwicklung von Erhebungsmethoden beigetragen, die einzeln und in ihrer Kombination Aussagen zur Corporate-Identity-Situation erlauben. In den folgenden Abschnitten sollen nun die vier heute verfügbaren Instrumente und deren Einsatz erläutert werden.

3.1 Der Mannheimer CI-Test

Entsprechend der Wirkungsrichtung von Corporate Identity, nämlich von innen kommend nach außen kommuniziert, stand die Erfassung der internen Wirkung, der Mitarbeiter-Identifikation, im Vordergrund des Interesses.

Lange Zeit galten leicht faßbare Parameter wie Fluktuation, Fehlzeiten, Überstundenbereitschaft als Ausdruck der Identifikation und des Engagements der Mitarbeiter für das Unternehmen und seine Ziele. Aufgrund der Veränderungen des Arbeitsmarktes geben diese Meßgrößen allerdings wohl kaum noch ein realistisches Bild der Situation. Damit stellte sich die Aufgabe, ein Meßverfahren zu entwickeln, das einerseits aufzeigt, wie es derzeit um die Mitarbeiteridentifikation bestellt ist, und andererseits Hinweise auf Schwachstellen liefert, die eine Identifikation behindern.

Einige Unternehmen versuchten, diesem Problem durch die Erfassung der Mitarbeiterzufriedenheit, Klimafaktoren oder die Messung des Images bei den Mitarbeitern nahezukommen. Im Rahmen von mehr oder weniger standardisierten Mitarbeiterbefragungen wurden Themen wie Kommunikation und Information, Betriebsklima, Führungsverhalten, Arbeitsplatzsituation, Einstellung und Bewertung von Weiterbildungsmaßnahmen erhoben. Diese Instrumente haben jedoch mehrere Schwachpunkte.

1. Zu starke Ausrichtung auf firmenspezifische Belange und somit keine Möglichkeit zum Vergleich mit anderen Unternehmen. Dadurch ist eine Bewertung des eigenen Ist-Zustandes erheblich beeinträchtigt, denn ob ein Wert gut oder schlecht ist, kann nur dann konstatiert werden, wenn es eine Meßlatte oder Vergleichswerte gibt.[23]
2. Die Erhebung sehr differenzierter demographischer Daten ermöglicht unter Umständen eine personelle Zuordnung der Antworten. Mangelnde Anonymität reduziert die Rücklaufquote oder trägt zu Wunschantworten bei.
3. Häufig werden offene Fragen oder Fragen mit sehr feinen Abstufungen verwandt. Damit erhöht sich das Risiko, daß die Mitarbeiter überfordert werden.

Die Problemliste der psychologischen und methodischen Restriktion ließe sich fortsetzen.

In Kenntnis dieses Sachverhaltes wurden für die Konstruktion eines Mitarbeiteridentifikations-Tests einige Prämissen formuliert:

1. Das Instrumentarium sollte standardisiert sein sowie zur besseren Einschätzung der Unternehmensleistung Vergleichswerte liefern, und zwar intern zum Vergleich von Abteilungen, Bereichen, Geschäftsstellen und extern zu anderen Unternehmen.
2. An dem Test sollten prinzipiell alle Mitarbeiter teilnehmen können im Sinne einer möglichen Vollerhebung. Der Test sollte damit keine Durchführungsprobleme aufwerfen und von den Mitarbeitern allein, ohne fremde Hilfe durchzuführen sein.
3. Zur Reduktion der Verweigerer-Bias (= eine Verzerrung der Ergebnisse durch überproportional viele Verweigerer) sollte eine absolute Anonymität hinsichtlich der Auswertung der Testergebnisse garantiert sein.
4. Es sollten keine Auswertungs- und Interpretationsprobleme gegeben sein.
5. Der Test muß eine Schwachstellenanalyse ermöglichen und zur Erfolgskontrolle geeignet sein.

Die größte Schwierigkeit bereitete dabei die operationale Definition der Mitarbeiteridentifikation und das richtige Mix an stabilen und labilen (veränderbaren) Merkmalen. Davon ausgehend wurden zunächst die theoretischen Grundlagen für die Mitarbeiteridentifikation erarbeitet.

Identifikation allgemein – und damit auch die Mitarbeiteridentifikation – ist ein tiefenpsychologischer und sozialpsychologischer Sachverhalt, der sich nur durch einen Phänomenenkomplex von verschiedenen Verhaltens-, Persönlichkeits- und Situationsmerkmalen erklären läßt. Vereinfacht ausgedrückt entsteht die Identifikation aus einer Wechselwirkung der Fähigkeit, sich zu identifizieren, und situationsbedingten Anreizen für die Identifikation. Daraus ergeben sich zwei grundlegende Voraussetzungen:

1. Die Mitarbeiter müssen eine prinzipielle Bereitschaft mitbringen, Leitbilder, kulturelle Normen und Werte zu akzeptieren und als Orientierungshilfe für das eigene Verhalten zu nutzen.
2. Unternehmen ihrerseits müssen dazu in der Lage sein, durch ihr Verhalten gegenüber den Mitarbeitern und der sozialen Umwelt Auslösereize für eine solche Identifikation zu geben.

Für die Messung des Identifikationswertes sind diese beiden Kriterien jedoch zu global und haben damit lediglich beschreibenden Charakter. Im Kontext psychologischer, sozialpsychologischer und organisationssoziologischer Theorien lassen sich jedoch einige Beschreibungsdimensionen finden, die für die Mitarbeiteridentifikation verantwortlich sind und Hinweise auf das Ausmaß der Identifikation geben (Abbildung 11):

1. Die Identifikationsfähigkeit, gemessen durch die prinzipielle Bereitschaft, sich mit Personen, Organisationen sowie dem eigenen Unternehmen zu identifizieren.
2. Die Einsatzbereitschaft, der Leistungswille der Mitarbeiter (Mitarbeiter-Motivation) und die Ausschöpfung der vorhandenen Motivationspotentiale durch die Firma.
3. Die Zufriedenheit der Mitarbeiter, und zwar einerseits mit der allgemeinen Berufssituation und andererseits mit konkreten, vom Unternehmen gestellten Arbeitsanforderungen.
4. Der Unternehmensstil, der sich im Verhalten des Unternehmens gegenüber den Mitarbeitern ausdrückt und sich im wesentlichen auf die – im Meinungsbild der Mitarbeiter – gepflegte Führungs- und Informationspraxis bezieht.
5. Die vom Mitarbeiter vermutete Wertschätzung des Unternehmens in der Öffentlichkeit und bei Kunden und seine ethische Verantwortlichkeit.

Dimensionen	Subskalen
Identifikationsfähigkeit	Identifikationsbedürfnis
	Identifikationsbereitschaft
	Identifikationsscheu
Leistungsverhalten	Leistungsbereitschaft
	Leistungsmotivation
Zufriedenheit	Arbeitszufriedenheit
	Berufszufriedenheit
Unternehmensstil	Informationsverhalten
	Führungsstil
	Betriebsklima
Leitbildfunktion	Wertschätzung des Unternehmens

Abbildung 11: Inhalte des Mannheimer CI-Tests

Die einzelnen Dimensionen basieren auf unterschiedlichen theoretischen Sachverhalten. Erfaßt werden in diesen Dimensionen sowohl situative Gegebenheiten (labile Merkmale) innerhalb des Unternehmens als auch Mitarbeiteraspekte (relativ stabile Merkmale), die einen Hinweis auf die „Gruppenpersönlichkeit" geben. Die einzelnen Aspekte sind voneinander nicht völlig unabhängig; so werden Zufriedenheit und Motivation entscheidend durch den Stil des Unternehmens beeinflußt. Die Erfahrung hat jedoch gezeigt, daß sie im statistischen Sinne als übergeordnete Merkmale für die Messung der Mitarbeiteridentifikation herangezogen werden können.

Insgesamt gesehen spiegeln die Testergebnisse das Ausmaß der Identifikation wider, im Detail werden Schwachstellen aufgezeigt. Dabei zeigen die relativ stabilen Merkmale der „Gruppenpersönlichkeiten", ob Veränderungen möglich sind, und die eher labilen Situationsmerkmale geben Hinweise auf notwendige und vorrangig durchzuführende Veränderungen des Unternehmensverhaltens.

Der auf dieser Basis konstruierte Mannheimer CI-Test umfaßt insgesamt 126 Statements und ist problemlos durchzuführen.[24] Wissenschaftliche und praktische Erprobungen haben bestätigt, daß dieses Instrument die gesetzten Ziele erfüllt.

Drei Anwendungsbeispiele mögen diese Aussagen verdeutlichen:

Beispiel 1

Das erste Beispiel beschäftigt sich mit der Wirkungskontrolle von Schulungsaktivitäten bei zwei Unternehmen. Die Mitarbeiter – Fachkräfte im technischen Service – dieser Firmen wurden von Zeit zu Zeit zu Fortbildungsveranstaltungen geschickt. Die Trainingsinhalte bezogen sich grundsätzlich auf Fachthemen. Der Aufbau des Lehrprogrammes zielte zudem auf eine Anhebung des Selbstwertgefühls der Mitarbeiter und Identifikation mit dem Unternehmen. Durch den Einsatz des Mannheimer CI-Tests bei vergleichbaren Gruppen von Mitarbeitern vor und nach dem Training konnte der Nachweis der Effizienz der Trainingsmaßnahmen erbracht werden. Nach dem Schulungsprogramm waren die Mitarbeiter motivierter und zeigten eine höhere Identifikation und Motivation sowie eine bessere Beurteilung der Firma. In einem Fall waren sie allerdings auch selbstbewußter und kritischer geworden und bemängelten die Informationspolitik ihres Arbeitgebers – trotz prinzipiell positiver Haltung. In beiden Fällen wurden die Schulungsaktivitäten intensiviert und auf andere Mitarbeiter ausgeweitet. Die Kritik am Informationsgebaren führte zu einer Überarbeitung der Mitarbeiterzeitschrift und Ausarbeitung eines internen Informations-Systems.

Beispiel 2

Ein sehr traditionsreiches Dienstleistungsunternehmen mußte seine Position gegenüber großen Mitbewerbern behaupten. Im Markt war dies weitgehend gelungen. Probleme gab es allerdings beim Mitarbeiterengagement und bei der Mitarbeiterakquisition. Die Testergebnisse waren zunächst ein Schock für das Management, allerdings ein produktiver Schock. Es wurde angeordnet, daß die Ergebnisse in Gruppen mit Führungskräften und Mitarbeitern diskutiert werden. Nach anfänglicher Zurückhaltung kam es zu einer Vertiefung der Problemdiskussion. Die Gruppenarbeit wurde intensiviert und führte unter Moderation eines externen Fachmannes zu konstruktiven Lösungsvorschlägen, die, sukzessive umgesetzt, zu einer merklichen Verbesserung der Situation beigetragen haben.

Beispiel 3

Dieses Beispiel stellt insofern eine Besonderheit dar, als es sich um eine Analyse der Außenorganisation eines Großunternehmens handelt. Die Verkaufsstützpunkte sind in diesem Fall hauptsächlich eigenständige, kleinere

Handelsunternehmen. Da es sich um den Vertrieb eines Markenproduktes handelt, wurde der CI-Test mit dem BI-Test (vgl. 3.3) ergänzt. Der CI-Test bezog sich auf den Betrieb, der BI-Test wurde genutzt, um die Identifikation der Mitarbeiter mit der Marke zu erfassen (Abbildung 12).

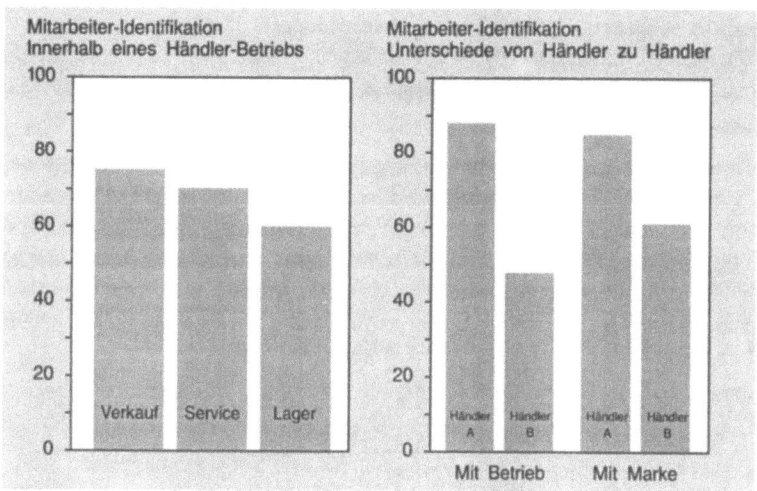

Abbildung 12: Ausmaß der Mitarbeiteridentifikation

Wie die beiden Graphiken der Abbildung 12 verdeutlichen, bestehen sowohl zwischen den Betrieben als auch zwischen den Arbeitsbereichen ein und desselben Betriebes erhebliche Differenzen. Eine schlechte Situation innerhalb des Betriebes wirkt sich darüber hinaus auch auf die Markenakzeptanz und Markenidentifikation der Mitarbeiter aus, allerdings nicht im selben Ausmaß. Ein Vergleich mit entsprechenden Daten aus Kundenbefragungen und dem ökonomischen Ergebnis der Betriebe belegte, daß eine positive Transferwirkung nach außen stattfindet. Das heißt Betriebe, bei denen „die Moral der Truppe stimmt", werden von den Kunden positiver bewertet, und das Betriebsergebnis ist besser. Ausgehend von der Schwachstellen-Analyse sind entsprechende Maßnahmen zur Verbesserung eingeleitet worden.

3.2 Die Kultur-Analyse

Unternehmenskultur ist nach der Definition von Heinen (1985) eine „mehr-personale Geisteshaltung und Denkweise", bestehend aus einem Netzwerk von Grundannahmen, Wertvorstellungen und Normen. Nur der geringere Teil der Kultur ist schriftlich fixiert in der Unternehmensphilosophie, in Führungsgrundsätzen, Arbeitsanweisungen. Fraglich ist, ob diese schriftlichen Ausführungen in der Praxis gelebt oder befolgt werden oder nur Makulatur darstellen.

Vor einigen Jahren erhielt ich vom Geschäftsführer eines mittelständischen Unternehmens die Führungsgrundsätze seines Hauses, auf die er besonders stolz war. Darin war von kooperativem Führungsstil und Mitverantwortung die Rede. Die Realität sah allerdings ganz anders aus. Straff hierarchisch und überwiegend autoritär geführt, wurden die Mitarbeiter der nachgeordneten Hierarchiestufen zwar verantwortlich gemacht, hatten aber keine Mitverantwortung im kooperativen Sinne.

Der Widerspruch zwischen der Absichtserklärung und dem tatsächlichen Verhalten trug zu vielen Frustrationen der Mitarbeiter bei, die sich in einem distanzierten Verhältnis zum Management und häufigen negativen Äußerungen zum Unternehmen ausdrückten.

Die Qualität der Unternehmenskultur offenbart sich zu einem großen Teil in der Einstellung der Mitarbeiter zum Unternehmen, zur Arbeit und zu den Vorgesetzten. Diese Aspekte werden im Mannheimer CI-Test erfaßt und geben bereits konkrete Hinweise auf das kulturelle Klima innerhalb einer Organisation, eines Bereiches. Es gibt allerdings eine Vielzahl von Kultur-Facetten, die eher unthematisch wirksam werden und deshalb mit einem Testinstrumentarium, das auf bewußtseinsfähigen Inhalten aufbaut, nicht erfaßbar und auch nicht vollständig aus den Ergebnissen ableitbar sind.

Deshalb empfiehlt sich, zur Vertiefung der Ergebnisse zusätzlich eine Kulturanalyse durchzuführen. Eine Kultur-Analyse umfaßt folgende fünf Stufen:

1. Sammlung und Auswertung der Unternehmensgeschichte, Unternehmens-philosophie, Job-Unternehmensgrundsätze, Job-Arbeitsanweisungen, Job-Descriptions, Organigramme, Motivations- und Mitarbeiterent-wicklungsprogramme, das heißt Desk-Research durch Bewertung aller schriftlichen Verlautbarungen und Regelungen der Unternehmung.

2. Beobachtung des Verhaltens der Mitarbeiter, angefangen von dem Verhalten an der Pforte, der Empfangssekretärin, bis hin zum Umgangston zwischen Kollegen, dem Verhalten der Vorgesetzten gegenüber Mitarbeitern und der Kooperationsbereitschaft zwischen Abteilungen oder Bereichen. Allein das leicht zu beobachtende Verhalten der Mitarbeiter am Empfang oder am Telefon liefert bereits präzise Hinweise auf das kulturelle Klima. Ist der Umgangston barsch und unfreundlich, so ist dies ein Hinweis, daß man den Besucher – gleichgültig ob Kunde/Lieferant – als Störenfried empfindet. Der Stil einer solchen Unternehmung ist meist wenig kollegial, und es besteht eine Tendenz zur Bildung von Abteilungsegoismen. Ignoranz des Besuchers impliziert „sieht nicht wie ein Star aus, kann also warten" und ist ein Symbol für eine Kultur, die von Hierarchien und Status-Symbolen geprägt ist. Umständliche Einschreibeprozeduren sind vor allem bei bürokratisch geführten Unternehmen anzutreffen.

3. Bewertung der materiellen Ausstattung der Arbeitsplätze und der Atmosphäre der Büros sowie Unterschiede je nach hierarchischer Aufhängung. Ein großzügig, komfortabel und teuer ausgestattetes Büro des Chefs, aber auf engem Raum in uralten Billigmöbeln zusammengepferchte Mitarbeiter lassen vermuten, daß die Bedeutung der Mitarbeiter für den Unternehmenserfolg nur gering eingestuft wird. Mitarbeiter, die ihre Bedeutungslosigkeit auf diese Weise täglich wahrnehmen, werden es schwer haben, ein unternehmensspezifisches Selbstbewußtsein zu entwickeln und sich mit dem Unternehmen und seinen Zielen zu identifizieren. Ganz abgesehen davon, daß diese Diskrepanz sich im Erleben der Besucher manifestiert und zu Glaubwürdigkeits-Problemen führen kann.

4. Ausführliche Explorationen mit einigen Mitarbeitern und Führungskräften des Managements. Die Anzahl der Explorationen richtet sich nach der Größe der Unternehmung und der organisatorischen Gliederung zum Beispiel in Bereiche. Hilfreich sind dabei einige wenige Explorationen mit „Klatschbasen", denn auch sie erfüllen ihren kulturellen Zweck, indem sie die Kultur durch die Verbreitung von Legenden, Geschichten zum Blühen bringen. Die explorative Kultur-Analyse umfaßt insgesamt fünf Schwerpunkt-Themen:

– die historische Entwicklung, unter anderem Geschichten, Anekdoten;

– informelle Strukturen und Beziehungen, wie Teamarbeit, Eingliederung neuer Mitarbeiter, Konflikt-Strategien;

- formelle Strukturen und Systeme, wie Kontroll-Mechanismen, Entscheidungsprozesse, Hierarchien;
- Leitbilder und Orientierungshilfen, wie Tabus, soziale und kulturelle Engagements;
- Unternehmenswerte und Fähigkeiten, wie Know-how, Innovationen, Erfolgsfaktoren.

5. In der letzten Stufe ist die Leitbild-und Integrationsfähigkeit der Führungskräfte zu prüfen. In Gesprächen mit dem Management ist die Einstellung, das Verhalten sowie eine Selbst- und Fremdbeurteilung zu ermitteln. Hierzu gehören zum Beispiel Fragen über

- Art, Häufigkeit und Kontakt-Intensität mit den Mitarbeitern der Basis,
- Kenntnis der Arbeitsplätze der Mitarbeiter,
- Mitarbeiter-Kontroll-Systeme,
- Einhaltung von Terminzusagen (Führungs-Kontinuität und Verläßlichkeit),
- eigene Weiterbildung,
- eigene Einschätzung der fachlichen und sozialen Kompetenz sowie die vermutete Fremdeinschätzung,
- Arbeits-Prioritäten.

Die Abbildung 13 gibt einen groben Überblick zu den wichtigsten Aspekten der Kultur-Analyse.

Dies klingt zunächst umfangreicher, als es tatsächlich ist. Die Ergebnisse des Mannheimer CI-Tests liefern nämlich bereits eine Vielzahl wichtiger Hinweise. Von Fall zu Fall ist deshalb zu überprüfen, wie intensiv die einzelnen Stufen der Kultur-Analyse durchgeführt werden müssen.

Die Unternehmen selbst können bereits einige Vorarbeiten leisten, zum Beispiel beim Sammeln von Geschichten, Anekdoten. Die Analyse sollte allerdings aufgrund der erforderlichen Neutralität durch einen externen Spezialisten erfolgen.

- Geschichte des Unternehmens
- Verhalten der Mitarbeiter
- Rituale, Anekdoten, wichtige Persönlichkeiten, Leitbilder
- soziale Beziehungen, Kommunikation
- Strukturen, Richtlinien, Formalismen, Systeme
- Unternehmenswerte
- Design, Gestaltung, Architektur, Bürogestaltung
- Kompetenz des Unternehmens

Abbildung 13: Kultur-Analyse

3.3 Der Mannheimer BI-Test

Der zweite – marktpsychologische – Wirkungsmechanismus der Corporate Identity besteht in der externen Identifikation, das heißt Solidarisierung der Austauschpartner wie Lieferanten, Geldgeber, Kunden, Verbraucher, Öffentlichkeit, mit dem Unternehmen. Im wesentlichen geht es hier um die Akzeptanz und Glaubwürdigkeit, die ein Unternehmen bei seinen externen Partnern genießt. Bei Firmen mit einer klaren Markenstruktur ist es sinnvoll, die emotionalen Erlebnisqualitäten der Marke und des Markenumfeldes zu erfassen. Das positive Markenerlebnis ist eine der Grundlagen für Markenbindung und Markenloyalität.

Auf Basis des Mannheimer CI-Tests wurde von der IFM, Dr. Gert Gutjahr GmbH, Mannheim, der Brand-Identity-Test – kurz BI-Test genannt – entwickelt, der Hinweis auf das Ausmaß und Schwachstellen der Marken-Identität liefert. Mit dem BI-Test werden verschiedene Aspekte erfaßt, die sich unter markt- und konsumentenpsychologischen Gesichtspunkten als bindungsrelevant erwiesen haben.

Gemessen werden insgesamt drei Dimensionen (Abbildung 14):

1. Die Identifikation mit der Marke, resultierend aus einer allgemeinen Akzeptanz der Produkt-Gattung und der Solidarisierung mit der speziellen Marke.
2. Die Gebrauchs-/Verwendungserfahrung mit der Marke oder Meinungen dazu. Die Erfahrungen, die beim Gebrauch gemacht oder vermutet werden, wirken sich nachhaltig auf die Einstellung aus und entfalten im Hinblick auf die Markenloyalität eine verhaltensbestimmende Wirkung.
3. Das Marken- und Hersteller-Image wird erfaßt über die wahrgenommene Image-Position oder Image-Profilierung der Marke im Wettbewerbsumfeld (Markenidentität) und der gesellschaftspolitischen, ökologischen Verantwortlichkeit des Herstellers (Hersteller-Ethik). Die Image-Komponente ist das Ergebnis der Kommunikation und erlaubt konkrete Rückschlüsse auf Defizite der Marken- und Unternehmenskommunikation. Diese Dimension reflektiert das Markenbild, das die Partner vom Unternehmen haben und das – in seiner positiven Ausprägung – Identifikation auslösen kann.

Dimensionen	Subskalen
Markenidentifikation	Identifikation mit der – Produktgattung – Marke
Hersteller-Identifikation	Subjektive Erfahrung mit – Produkt – Servicebereitschaft – Nutzen
Markenidentität	Imageposition im – gesellschaftspolitischen Umfeld – Wettbewerbsumfeld

Abbildung 14: Der Mannheimer BI-Test

88

Der BI-Test umfaßt 81 Statements und erlaubt auf ökonomische Weise einen zuverlässigen Status-Report der Markenbindung mit Stärken-/Schwächenprofil. Darüber hinaus existiert eine Kurz-Version des BI-Tests, die als Ergänzung an verschiedene marktpsychologische Studien angehängt kontinuierlich Hinweise auf Veränderungen der Markenbindung liefert.

Wie beim Beispiel 3 auf Seite 80 f. bereits erwähnt, empfiehlt sich bei Untersuchungen zur Mitarbeiter-Identifikation bei selbständigen Handelspartnern oder relativ eigenständigen Vertriebsorganisationen eine Ergänzung des CI- um den BI-Test. Damit besteht die Möglichkeit, sowohl die interne Situation des Partners oder Betriebes zu beleuchten, als auch die emotionale Bindung zum Hersteller und ihre Schwachpunkte festzustellen.

Der BI-Test kann ebenso wie der CI-Test zum wiederholten Einsatz kommen und ist damit für die Erfolgskontrolle von Maßnahmen und die Messung von Veränderungen über einen Zeitlauf hinweg geeignet. Die BI-Werte spiegeln Erlebnisqualitäten wider, bevor diese in der Regel ihre verhaltenswirksame Komponente entfalten. Damit liefert dieses Instrumentarium eine Reihe von Frühwarn-Indikatoren für negative – und natürlich auch positive – Image- und Identitätsveränderungen.

3.4 Die Image-Analyse

Images sind komplexe Systeme von Vorstellungen, Ideen, Gefühlen, Haltungen und Bewertungen, die aus der Begegnung mit einem Unternehmen, seinen Marken, Produkten und Verhaltensweisen entstehen.

Wesentliche Komponenten, die zur Image-Bildung beitragen, sind:

– Produkte und Dienstleistung,
– Design und Styling,
– Public Relation und Werbung,
– Mitarbeiterverhalten, personale Kommunikation,
– Innovations- und Finanzkraft des Unternehmens und
– Verwender.

Erst wenn alle Image-Komponenten im Einklang sind, sich also nicht widersprechen, ist von einem „Corporate Image" zu sprechen. Widersprüche hingegen, wie moderne, fortschrittliche Produkte, aber langweilige und hausbacken anmutende Werbung, führen zu Verwirrungen, Glaubwürdigkeitsproblemen und Vertrauensverlust. Solche Defizite wirken sich schließlich negativ auf den Absatz der Produkte aus und stellen damit den langfristigen Unternehmens-Erfolg in Frage.

Images gewinnen vor allem in gesättigten Märkten und in einer Zeit, da Produkte immer ähnlicher werden, zunehmend an Bedeutung. In Ermangelung objektiver Unterscheidungsmerkmale übernimmt das Image eine Orientierungsfunktion für die Kaufentscheidung – gleichgültig ob Neukauf oder Wiederholungskauf. Im Sinne einer gezielten Corporate-Identity- und Kommunikations-Planung ist es deshalb erforderlich zu wissen:

- wie es um das Image bestellt ist, ob die relevanten Image-Aspekte auseinanderdriften oder im Einklang stehen und ob es Differenzen im Unternehmens-, Marken-, Produkt- und Verwenderimage gibt;
- wie das Image im Vergleich zu den Wettbewerbern aussieht, wo Image-Vorteile und Image-Schwächen bestehen oder welche Chancen für eine eigenständige Image-Profilierung gegeben sind;
- welches die kaufentscheidenden Image-Faktoren sind, wie weit die Unternehmen von diesem Ideal-Image entfernt sind;
- wie und in welchen Bereichen eine Image-Korrektur vorgenommen werden muß, um neue Kunden-Potentiale zu erschließen und Abwanderungen zu vermeiden.
- Bei multinationalen Unternehmen ist zu prüfen, wo es länderübergreifende Gemeinsamkeiten gibt, die eine internationale Image-Strategie ermöglichen und in welchen Punkten landesspezifische Besonderheiten einschränkend wirken.
- Bei Unternehmen mit mehreren Geschäftsfeldern ist noch zu prüfen, ob ein positiver Imagetransfer möglich ist oder sich die Aktivitäten gegenseitig ausschließen und zu negativen Image-Assoziationen führen.

Eine Image-Analyse sollte sinnvollerweise alle vorgenannten und relevanten Image-Faktoren erfassen. Miterhoben werden sollte der subjektive Eindruck von Design, Kommunikation und Mitarbeiterverhalten, und zwar einmal im Wettbewerbsvergleich, zum anderen mit einer Idealvorstellung. Zusätzlich läßt sich über die Eigenschaftsskalierung ein Persönlichkeits-Profil für die Unternehmung ableiten. Durch Bewertung der qualitativen Befunde und entsprechende statistische Analysen lassen sich Image-Ziel-Definitionen ableiten, die einen Hinweis auf eine verständliche Identitäts-Positionierung sind und bei der Erarbeitung der CI-Konzeption berücksichtigt werden sollten. Die Realisierung eines Identitäts-Entwurfs (Soll-

Identität) wird in erheblichem Maße dadurch beeinflußt, daß das Selbstbild des Unternehmens nicht kontrovers zu den Erwartungen der Austauschpartner steht.

Für Wiederholungsmessungen im Sinne einer Erfolgskontrolle empfiehlt sich eine Standardisierung in Teilbereichen und die Berechnung eines Image-Index. Der Image-Index besteht aus – je nach ihrer speziellen Bedeutung für den Gesamteindruck – gewichteten Einzelindices, zum Beispiel von Produkt, Marke, Hersteller, Verbraucher. Der Index stellt die Meßlatte für künftige Image-Analysen dar.

Diese Information kann nur ein grober Hinweis auf die Konstruktion einer unternehmensspezifischen Image-Analyse sein. Das Verfahren muß im einzelnen individuell auf die Belange der Unternehmung ausgerichtet und in enger Zusammenarbeit mit einem dafür qualifizierten Institut entwickelt werden. Dieses Institut sollte nicht nur die Methode als solche beherrschen, sondern darüber hinaus über das notwendige Wissen und die Wirkungsmechanismen der Corporate Identity verfügen.

Die Methode der Image-Messung ist sicherlich ausreichend, um Oberflächenmerkmale zu ermitteln. Die eigentliche Wirkung der Corporate Identity besteht aber in der Identifikation mit dem Unternehmen und seinen Produkten. Die Identifikation ist ein psychologisches Konstrukt, das mit den herkömmlichen Methoden der Image-Messung nicht zu erfassen ist. Um die Identifikation und ihr Ausmaß zu ermitteln, bedarf es des Einsatzes zusätzlicher Meßinstrumente, zum Beispiel bei Durchführung des BI-Tests.

3.5 Die Bedeutung der Erfolgskontrolle

Wie bereits mehrfach erwähnt, bestehen Organisationen, Institutionen oder Unternehmen aus einer Vielzahl von Einzelfacetten – um nur einige Beispiele zu nennen: Menschen, Ablauf- und Entscheidungsprozesse, Regelungen, betriebswirtschaftliche Faktoren –, die zusammen ein Network bilden (vgl. Abbildung 15). Veränderungen bei einzelnen Facetten bedingen eine Veränderung innerhalb des gesamten Netzwerkes.

Da nicht immer von vornherein abgesprochen werden kann, in welche Richtung sich die Veränderungen bewegen und daß diese noch der ursprünglichen Zielsetzung entsprechen, ist eine kontinuierliche Erfolgskontrolle bzw. Veränderungsmessung erforderlich. Bei derartigen Mes-

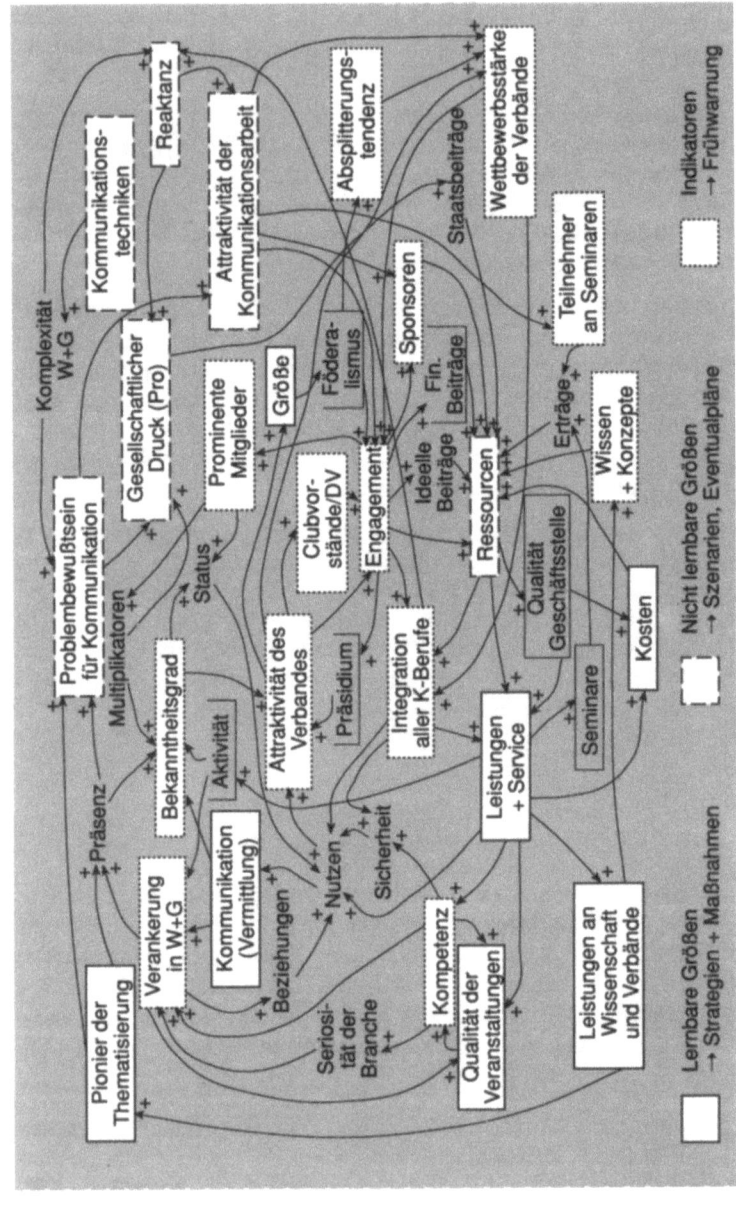

Abbildung 15: Interaktionsphase Deutscher Kommunikationsverband (BDW 3/92, Prof. Gomez)

sungen ist es geradezu notwendig, standardisierte Verfahren einzusetzen, denn nur über den Vorher-Nachher-Vergleich ist eine zuverlässige Einschätzung und Beobachtung von Veränderungen möglich.

In welchen zeitlichen Abständen die Vergleichmessungen sinnvollerweise erfolgen sollen, hängt sowohl von den Aktivitäten im Rahmen der CI-Maßnahmen als auch den unternehmensspezifischen Bedingungen wie z. B. Anzahl der Standorte, Mitarbeiter ab. Im Schnitt dürften alle zwei Jahre Abschätzungen notwendig sein.

Teil 4:

Corporate Identity – die Realisierung

Die Corporate-Identity-Arbeit nimmt Einfluß auf alle Bereiche des Unternehmens, des Managements und alle Ebenen des Betriebes. Infolgedessen ist die Entwicklung oder Evolution der Corporate Identity nicht primär eine Aufgabe der PR- und Werbeabteilung. Sie ist dem Bereich der strategischen Unternehmensplanung und damit direkt der Geschäftsleitung zuzuordnen. Häufig wird im Rahmen der Corporate-Identity-Arbeit von Corporate-Identity-Strategie gesprochen. Dabei rückt das Realisierungskonzept von Corporate Identity in die semantische Nähe von Unternehmens-Strategie. Unternehmen, die sich mit ihrer Corporate Identity beschäftigen, sollten sich jedoch darüber im klaren sein, daß eine Corporate-Identity-Strategie kein Ersatz für eine Unternehmens-Strategie darstellt.

Die Corporate-Identity-Arbeit macht die strategischen Erfolgsfaktoren und Chancen deutlich und zeigt auf, wie die vorhandenen Fähigkeiten und Ressourcen sinnvoll, zum Nutzen aller – dem Unternehmen, der Mitarbeiter, den externen Austauschpartnern – einzusetzen sind. Die Realisierung eines Corporate-Identity-Konzeptes stellt also die qualitativen Rahmenbedingungen dar, auf denen eine Unternehmens-Strategie aufgebaut werden kann. Die Unternehmens-Strategie ihrerseits konzentriert sich auf die Ermittlung von Ertrags-Potentialen und planvolle Allokation der Mittel auf ein definiertes Ertragsziel.

Damit ist die strategische Unternehmens-Planung eindeutig an externen, mehr quantitativen Größen orientiert, allerdings unter Berücksichtigung interner Aspekte, wie Kapital, Mitarbeiter, Kapazität.

Erfahrungen der Vergangenheit haben verdeutlicht, daß die Implementierung einer Unternehmens-Strategie scheitert, wenn die Rahmenbedingungen entweder bei der Planung nicht bedacht oder falsch interpretiert wurden. Die Kenntnis oder das Erkennen und Berücksichtigen der kulturellen und persönlichkeitsspezifischen Besonderheiten einer Firma vermeidet die Entwicklung identitäts-kontroverser Strategien, die zwangsläufig durch innere und äußere Widerstände zu Fall gebracht werden, wie Definition einer Innovations-Strategie bei vorherrschender Kostenorientierung, Definition einer Marketing-Strategie bei Produktions-Dominanz.

Hierzu ein Beispiel aus der Praxis: Die Marketing-Abteilung eines Konsumgüter-Herstellers mit technisch aufwendigen Produkten hat festgestellt, daß der Markt ein in der Preisstellung und Ausstattung optimales Produkt erwartet. Die Marketing-Abteilung hat einen entsprechenden Anforderungs-Katalog zusammengestellt, der aufgrund der Produktionspolitik – modulares Baukastenprinzip – relativ kurzfristig zu realisieren gewesen wäre. Die grundsätzliche Orientierung des Unternehmens – „Produkt-Dominanz"[25] als wesentliches Kulturmerkmal – hat indes die kurzfristige Einführung dieses Produktes verhindert. Die Techniker, die gewohnt waren, daß sie neue Produktideen kreieren, konnten sich nicht damit abfinden, daß die Initiative nun von den Marketingleuten ausgegangen war. Sie waren zwar der Meinung, für den Kunden zu denken und handeln, doch die Forderung „vom Markt her denken, zum Markt hin handeln" entsprach nicht eigentlich ihrer inneren Einstellung und Orientierung. Durch allerlei Einwände und Verzögerungstaktiken brachten sie die rechtzeitige Einführung zu Fall und bewahrten auf diese Weise ihre Vorherrschaft im Unternehmen.

Im Verlauf der Corporate-Identity-Arbeit wird ein allgemeines Orientierungskonzept erarbeitet, das sich wie ein roter Faden durch die Organisation zieht, das Verhalten der Mitarbeiter und den Instrumenten-Einsatz festlegt. Dabei werden Entscheidungs- und Planungsprozesse vereinfacht, zeitlich reduziert und nachvollziehbar gestaltet. Außerdem wird die interne Kommunikation erleichtert und Verständnisschwierigkeiten reduziert. Die Mitarbeiter und Führungskräfte brauchen ihre Zeit nun nicht mehr damit zu verbringen, Konfliktvermeidungs-Strategien zu entwickeln, sondern können ihre Energien und Fähigkeiten auf tatsächliche Sachprobleme konzentrieren. Notwendige Anpassungsprozesse an Umfeldbedingungen lassen sich so schneller vollziehen, und es werden weniger Fehlentscheidungen getroffen.

Die Arbeit an der eigenen Corporate Identity führt zu institutionalisierten Leitbildern, die Kontinuität sichern, weil die Unternehmung von „charismatischen" Führungspersönlichkeiten relativ unabhängig wird. Dieser Aspekt besonders vor dem Hintergrund häufiger Wechsel im Management ist von nicht zu unterschätzender Bedeutung. Verschiedene Manager haben unterschiedliche Interessen, Vorstellungen und Gewohnheiten, die sie der Firma vor allem dann als Stempel aufzudrücken versuchen, wenn keine klaren Spielregeln bestehen, denen sie sich verpflichten müssen. Über die Zeit hinweg entstehen Kollisionen, die auf die Organisationsprozesse negative Auswirkungen haben. Unterschiedliche Präferenzen von Führungskräften tragen dazu bei, daß sich Interessengruppen bilden, die gegeneinander und nicht miteinander arbeiten.

In Unternehmen mit einer klaren Corporate Identity hingegen verstehen sich die Führungskräfte als integraler Bestandteil des sozialen Systems, wobei sich die persönlichen Interessen mit denen der Firma decken. Es entsteht eine Kontinuität in der Unternehmensführung, die eine reibungsarme interne Zusammenarbeit und erfolgreiche Marktpräsenz gewährleistet.

Corporate Identity soll zwar von der individuellen Mentalität wechselnder Führungskräfte unabhängig machen, doch ohne starke Führungspersönlichkeiten, die etwas bewegen können, läßt sich der Evolutionsprozeß nicht durchziehen. Denn die Identität wird zwar bottom up definiert und entwickelt, der Prozeß muß aber top down initiiert und durchgesetzt werden.

4.1 Corporate Identity, strategisches Management und Marketing

Historisch gesehen ist der Begriff strategisches Management ebenso jung wie der Begriff Corporate Identity. Beide Begriffe zeigen nicht nur hinsichtlich der Entwicklungsgeschichte, sondern auch inhaltlich eine Reihe von Ähnlichkeiten.

Strategie ist ein aus dem militärischen Sprachgebrauch entlehnter Begriff und beinhaltet einerseits „wirkungsvolle Abwehr von Angriffen", andererseits „gezielten Angriff, um Terrain zu gewinnen". Auf den wirtschaftlichen Bereich übertragen bedeutet das:

- größtmögliche Flexibilität, um aktuellen Ereignissen wirkungsvoll zu begegenen und
- zielgerichtetes, planvolles Verhalten, um heute die Weichen so zu stellen, daß die Erfolgsaussichten in den künftigen Jahren möglichst günstig sind.

Die Einführung von strategischem Management hat seine Ursache in der zunehmenden Sättigung der vorhandenen Märkte, dem beschleunigten technologischen Wandel und kürzeren Produkt-Lebenszyklen. Diese Veränderungen haben eine Abkehr von den überwiegend produktionsorientierten Verhaltensweisen und eine Hinwendung zu marktorientiertem Verhalten erforderlich gemacht.[26]

Darüber hinaus zeigte sich eine zunehmende Abhängigkeit der Unternehmung von den sozio-ökonomischen Bedingungen der Umwelt. Lange Zeit verlief diese Entwicklung relativ kontinuierlich, und die Zukunft war durch Extrapolation der Erfahrungswerte relativ leicht zu planen. Der Wertewandel löste eine zunehmend diskontinuierliche Entwicklung aus, so daß Erfahrungen allein keine zuverlässigen Parameter für die Vorhersage zukünftiger Bedingungen sind.

„Rasche Veränderungen in der ökonomischen und sozialen Umwelt eines Unternehmens, plötzlich auftretende Schwierigkeiten . . ., die durch noch so ausgefeilte Maßnahmen des Marketing nicht aufgehalten werden können, . . . lassen ein Unternehmen nur dann überleben, wenn es diesen rasch auftretenden Veränderungen und Wandlungen in den Umweltbedingungen durch geeignete strategische Maßnahmen begegnet".[27]

Im Rahmen des strategischen Managements wird das Unternehmen als soziotechnisches System angesehen, das in engen Austauschbeziehungen zu verschiedenen Umweltgruppen steht.

Die Beziehungen sind allerdings nicht über einen Zeitverlauf hin konstant, sondern Veränderungen unterworfen, die „von der Geschäftsleitung überwacht und gesteuert"[28] werden müssen. Insofern ist dies, was auch in dem Begriffsbestandteil Management zum Ausdruck kommt, nicht ein einmaliger Prozeß, sondern eine überdauernde unternehmerische Grundeinstellung und somit ein Führungssystem. "Dies kann explizit durch die Entwicklung und Vorgabe von Policies und Leitbildern geschehen, aber auch implizit durch Management-Development."[29]

Strategisches Management umfaßt – obgleich primär auf Märkte und Marktpotentiale ausgerichtet – nicht nur die nach außen gerichteten Aktivitäten und Möglichkeiten der Unternehmung, sondern ebenso die internen Gegebenheiten, Entwicklungsmöglichkeiten, kurz: die strategieadäquate Gestaltung der Organisation.

Grundvoraussetzung für die strategische Planung ist – wie bei CI – eine fundierte Analyse der externen und internen Bedingungen. Dies um so mehr, als die Vergangenheit gezeigt hat, daß noch so ausgefeilte, kluge und logische Strategien nicht so ohne weiteres im Unternehmen zu implementieren sind, sondern an internen Widerständen scheitern. Diese Widerstände sind um so größer, je weniger die Strategie mit den kulturellen Bedingungen innerhalb der Unternehmung übereinstimmt. Hingegen ist die strategische Planung dann relativ leicht umzusetzen, wenn sie mit den historisch gewachsenen Verhaltensweisen korrespondiert und damit kulturell und politisch akzeptabel erscheint.

Diese Erkenntnis hat schließlich dazu geführt, daß viele Unternehmensberater, zum Beispiel die Boston Consulting Group, sich im Zuge der Strategie-Implementierung sehr intensiv mit der Unternehmenskultur auseinandersetzen. Damit soll verhindert werden, daß kulturunverträgliche Strategien entwickelt werden und diese aufgrund mangelnder Durchsetzungsfähigkeit wieder in der Schublade verschwinden.

Der Begriff „Marketing" ist wesentlich enger gefaßt und konzentriert sich auf die Summe aller mittelbaren und unmittelbaren marktgerichteten Aktivitäten einer Unternehmung. „Marketing bedeutet ... Planung, Koordination und Kontrolle aller auf die aktuellen und potentiellen Märkte gerichteten Unternehmensaktivitäten. Durch eine dauerhafte Befriedigung der Kundenbedürfnisse sollen die Unternehmensziele im gesamtwirtschaftlichen Güterversorgungsprozeß verwirklicht werden".[30] Das heißt durch gezielten und geeigneten Einsatz von Mitteln und Maßnahmen soll versucht werden, Märkte zu beeinflussen und zu gestalten.

Diese Interpretation des Begriffes Marketing hat in der Praxis noch keinen allzu großen Verbreitungsgrad gefunden. Viele Unternehmen beschränken sich auf das Reagieren und sehen Marketing als rein absatzpolitisches Instrument.

Die bereits mehrfach zitierten Veränderungen der markt- und soziopolitischen Umwelt legen allerdings auch in diesem Bereich eine Umorientierung nahe. Die neue Aufgabe des Marketing ist im strategischen Bereich anzusiedeln und wird als zentrale Managementaufgabe gesehen. Marketing nach diesem Verständnis umfaßt nahezu das gesamte Unternehmen und „ist nicht die Angelegenheit einer einzigen Abteilung, sondern Einstellung des gesamten Unternehmens".[31]

Hierbei kommt es nicht allein darauf an, mit den klassischen Marketinginstrumenten die Vertriebs- und Absatzmöglichkeiten der Produkte zu fördern, sondern vielmehr darauf, „strategische Wettbewerbsvorteile zu schaffen und zu erhalten".[32]

Die Zahl gleichartiger Produkte nimmt ständig zu. Angebotsdifferenzierung über Qualitätsmerkmale sind kaum noch möglich. Eine Chance zur erfolgreichen Vermarktung der Produkte bietet häufig nur noch die psychologische Differenzierung. Die Entwicklung von CI ist eine solche psychologische Differenzierung, die sich allerdings nicht nur auf das Produkt bezieht, sondern auf das gesamte Unternehmen. Für das Marketing der Gegenwart und der Zukunft ist deshalb die Realisierung von CI eine wichtige

Maßnahme für die erfolgreiche Vermarktung der Produkte des Unternehmens.

Marketing wurde in den letzten Jahren von der rein funktionalen Absatzkonzeption (Stufe 1), zu einer konsequent marktorientierten Haltung (Stufe 2) entwickelt. Mit Corporate Identity, Ausrichtung an der eigenen Identität unter Berücksichtigung der gesellschaftlichen Anforderungen, ist die 3. Stufe, das ganzheitliche Marketing, erreicht. Bei marketingorientierten Unternehmen ist Corporate Identity Bestandteil des Marketing oder Marketing fest in der Unternehmens-CI verankert.

4.2 Die Rolle des Unternehmers und der Mitarbeiter

Organisationen sind Gebilde, in denen sich über Jahre hinweg Verhaltensroutinen gebildet haben, die den Organisationsmitgliedern relative Sicherheit vermitteln und deshalb ziemlich resistent gegenüber Veränderungen sind. Corporate-Identity-Arbeit kommt allerdings in der Regel nicht ohne Veränderung dieser Routinen aus. Zur Auflösung oder zur Veränderung von tradierten Verhaltensweisen, Prozessen und Strukturen bedarf es daher der faktischen Macht des Top-Managements.

Die Führungsspitze muß voll und ganz hinter dem Prozeß stehen, halbherzige Lippenbekenntnisse oder Uneinigkeiten innerhalb des Managements werden von den nächsten Hierarchiestufen sofort bemerkt, was dazu führt, daß die CI-Arbeit nicht ernst genommen wird und einschläft. Die Verantwortung an der Corporate-Identity-Arbeit läßt sich nicht delegieren. Delegiert werden kann lediglich das operative Management und Controlling. Die Führungsfunktion liegt bei der Unternehmensspitze.

Das Top-Management muß selbst zum Leitbild für den Prozeß werden. Das bedeutet:

1. Intensivierung des Kontaktes und der Kommunikation mit Mitarbeitern auf allen Ebenen unabhängig von der Hierarchie (informeller Abbau der Hierarchie). Die Führungskräfte müssen in ihrem Verhalten und ihren Reaktionen erlebbar, anfaßbar, begreifbar sein – im wörtlichen Sinne. Eine Einhaltung der hierarchischen Wege verfestigt hierarchische Strukturen, blockiert die konfliktfreie Kommunikation.

2. Das Top-Management muß erste Zeichen setzen, zum Beispiel die Philosophie erweitern, erste strukturelle Veränderungen und kommunikationspolitische Maßnahmen vornehmen, das Berichtswesen ändern. Durch diese „vorläufigen" Maßnahmen wird die Ernsthaftigkeit des Vorhabens signalisiert. Als ein relativ wirksames Mittel hat sich hierbei die Einführung von Projektarbeit zu unternehmensspezifischen Themen erwiesen. Dabei ist es allerdings notwendig, daß die erarbeiteten Projekt-Empfehlungen zumindest teilweise umgesetzt werden, sonst entsteht bei jenen Mitarbeitern, die in die Projektarbeit involviert waren, Frustration. Bei jenen Mitarbeitern, die nicht beteiligt waren, entsteht oft eine mehr oder weniger offen zur Schau getragene Schadenfreude. Die Bereitschaft zu weiterer Projektarbeit wird dadurch erheblich beeinträchtigt.

3. Das Management muß kooperative Verhaltensweisen vorleben. Hierbei kann die Delegation als Symbol für Vertrauen, als tragendes kooperatives Prinzip herangezogen werden. Der Vertrauensbonus wird die Mitarbeiter zu besonderen Leistungen anspornen, denn die meisten übernehmen gern Verantwortung und honorieren dies durch besondere Leistungen. Durch die zeitliche (Häufigkeit) und räumliche (direkte Ansprache) Nähe besteht darüber hinaus die Chance zu kontext-orientiertem Dialog zwischen Mitarbeitern und Führungskräften. Derart ge- und beachtete Mitarbeiter werden ein verbessertes Selbstwertgefühl entwickeln und damit erheblich mehr zur Identitätsentwicklung und Imagebildung beitragen können.

4. Die Führungsspitze muß die Corporate Identity durch Handlungen und Taten zelebrieren. Dies sind einerseits die konkreten persönlichen Verhaltensweisen, wie sie in den vorangegangenen Punkten ausgeführt wurden. Andererseits gehören dazu Aktivitäten wie Einführung von Ritualen, Mitarbeiter-Anerkennungs- und Mitarbeiter-Einführungsprogrammen, Reorganisation nach dem Chandler-Prinzip „structure follows strategie", formelle Abflachung der Hierarchie, personalpolitische Maßnahmen und Job-Rotation. Job-Rotation ist in zweierlei Hinsicht von Bedeutung:

   a) die Mitarbeiter erhalten einen größeren Überblick über die Tätigkeiten der Unternehmung und einen Gesamteindruck, der das Denken und Verhalten nachhaltig beeinflußt; die Tendenz zur „Scheuklappenmentalität" und zu Egoismen wird dadurch erheblich reduziert;

   b) durch gezielte Versetzung von „altgedienten" Mitarbeitern in andere Bereiche läßt sich die informelle Struktur der Bereiche leichter aufbrechen – die „Betonfraktion" wird langsam gesprengt –, und neues Verhalten läßt sich leichter implementieren.

Das Top-Management hat im Corporate-Identity-Prozeß eine klare Leitbild-, Moderations- und Durchsetzungsfunktion, also *die* Führungsaufgabe schlechthin.

Die Rolle der Mitarbeiter ist eine andere. Sie sind Impulsgeber, Entwickler und Produzenten der spezifischen Inhalte. Dies leitet sich aus folgenden Prämissen ab:

1. Jedes Unternehmen hat eine Identität, die die Mitarbeiter hautnah erleben, hautnaher jedenfalls als in der Regel das Management.
2. Die Ist-Identität und ihre Kultur darf bei der Definition des Soll-Identitätsentwurfs nicht negiert werden, weil sie sowohl Restriktionen als auch Chancen aufzeigt.
3. Identifikation läßt sich am leichtesten dadurch erreichen, daß Betroffene zu Beteiligten gemacht werden. Durch die Mitwirkung wird ein Commitment erreicht, das sich auf die anderen Organisationsmitglieder überträgt.
4. Die Integration der Mitarbeiter trägt dazu bei, daß die Formulierung des Selbstverständnisses problemnah, praxisgerecht und nachvollziehbar wird. Dies ist eine entscheidende Grundlage für die Entwicklung eines kollektiven „Wir-Gefühls".
5. Die Integration der Mitarbeiter in den Prozeß stellt zudem sicher, daß die Belange der Mitarbeiterschaft in ausreichendem Maße Beachtung finden.

Die Mitarbeiter und der Betriebsrat sind deshalb von Anfang an über den Prozeß und dessen Verlauf vollständig zu informieren oder soweit wie möglich zu integrieren. Da nicht alle Mitarbeiter an der Projekt-Arbeit direkt beteiligt werden können, ist eine sorgfältige Auswahl erforderlich, und zwar nicht nach Beliebtheit durch den Vorgesetzten, sondern nach Akzeptanz durch die Kollegen, soziale und kommunikative Kompetenz und Persönlichkeitsstärke. Die Projekt-Mitarbeiter müssen fähig sein, den Corporate-Identity-Gedanken in die Organisation hineinzutragen, Kollegen zu eigenen Beiträgen zu ermuntern und diese Anregungen in den Arbeitskreis einzubringen. Darüber hinaus müssen hierarchisch niedriger angesiedelte Projekt-Mitglieder fähig sein, sich gegenüber höher gestellten Kollegen zu behaupten und die Meinung der Basis in entsprechendem Rahmen zu vertreten. Die höher gestellten Mitarbeiter ihrerseits dürfen die Projekt-Arbeit nicht zur eigenen Selbstdarstellung und zu Karrierezwecken mißbrauchen, sie müssen sich der Sache und nicht ihrer eigenen Person verpflichten.

Die am Prozeß direkt beteiligten Mitarbeiter müssen verstehen, worum es sich handelt, Identitätskompetenz haben. Unternehmens-Greenhorns bringen eine erfrischende Komponente ein, die sehr nützlich sein kann. Im wesentlichen sollten in die Projekt-Arbeit allerdings Mitarbeiter integriert werden, die bereits einige Jahre im Unternehmen sind, die Kultur der Firma kennen und sich mit dem Unternehmen voll identifizieren.

Der Erfolg der Corporate-Identity-Arbeit wird zu einem wesentlichen Teil davon abhängen, ob und inwieweit die Mitarbeiter die Aufgabe zu ihrem ureigensten Anliegen machen. Überzeugte Mitarbeiter werden den Gedanken besser in das Unternehmen hineintragen und einen Multiplikationseffekt hervorrufen.

Eine allgemeine Information und Diskussion zu der Thematik CI im Vorfeld des Identitätsentwurfs und des Realisierungs-Konzeptes sichert eine gemeinsame sprachliche und gedankliche Grundlage. Dies stellt eine wesentliche Erleichterung für die Umsetzung und den Erfolg dar. Darüber hinaus bedeutet die Beteiligung der Mitarbeiter am Identitäts-Entwurf und der Umsetzung, daß die Maßnahmen nicht als „ordre de mufti" mißverstanden werden. Die Einbindung in den Entscheidungs- und Realisierungsprozeß bedeutet darüber hinaus, daß Reaktanz-Effekte vermieden werden.*

4.3 Leitbildfähigkeit der Führungskräfte

In der CI-Diskussion wurde bisher das Thema Leitbildfähigkeit von Führungskräften fast überhaupt nicht erwähnt. Gerade bei größeren Unternehmen ist das Verhalten der Führungskräfte für die Identifikation der Mitarbeiter von eminent wichtiger Bedeutung. Der Führungsstil kann äußerst kontraproduktiv für den CI-Prozeß sein.

---

* Reaktanz-Effekte entstehen immer dann, wenn ein Individuum eine Einschränkung seiner Entscheidungsfreiheit empfindet und diese als Beeinflussungsabsicht erfährt. Das Individuum versucht die Entscheidungsfreiheit wieder herzustellen, indem es sich der Beeinflussungsabsicht widersetzt und genau konträr verhält. Reaktanz tritt auch auf bei empfundener künstlicher Verknappung von Gütern und Einschränkung des Handlungsspielraumes.

Warum ist das Verhalten der vorgesetzten Führungskraft so wichtig? Visionen, Philosophien oder Grundsätze müssen für die Mitarbeiter anschaulich mit Leben erfüllt werden, denn nur so werden sie begreifbar. Dies ist die vornehmste Aufgabe des Vorgesetzten.

Es ist aber noch ein anderer Punkt von Bedeutung, das Verhalten der Führungskraft kann Publikationen und Verlautbarungen der Firma konterkarieren. Kontrolle, ungenügende Information und/oder Entscheidungseinengung (alle Entscheidungen trifft der Vorgesetzte selbst) sind z. B. total kontrovers zu publiziertem „Unternehmertum". Solche konträren Äußerungen und Verhaltensweisen beeinträchtigen die Glaubwürdigkeit. Zusätzlich bietet ein solcher Führungsstil an sich auch keine Anreize, sich mit dem Unternehmen zu identifizieren.

Andererseits kann eine gute Führungskraft auch Mängel im System ausgleichen. Wichtig sind vor allem drei Punkte:

1. Führungsfähigkeit und damit Leitbildfähigkeit kann man zum Teil erlernen über Kenntnisse psychologischer und sozialpsychologischer Zusammenhänge. Ein Teil ist allerdings durch die Persönlichkeit der Führungskraft vorgegeben.
2. Die Führungskraft ist Teil der Gruppe, die sie führen soll, und nicht herausgelöst – d. h. einerseits ist die „Mannschaft" nur so gut wie der Vorgesetzte und andererseits der Vorgesetzte nur so gut wie die „Mannschaft".
3. Es besteht ein gravierender Unterschied zwischen „führen" und „managen". Führen bezieht sich auf den Umgang mit Menschen, managen konzentriert sich auf Sachaufgaben.

Eine Führungskraft muß verschiedene Fähigkeiten besitzen, nämlich

1. Fachkompetenz,
2. Management-Kompetenz,
3. analytische und synthetische Kompetenz,
4. soziale Kompetenz.

Je höher eine Führungskraft in der Hierarchie-Leiter eines Unternehmens nach oben kommt, um so stärker verlagert sich das Gewicht auf die letzten beiden Punkte. Für den CI-Prozeß besonders wichtig ist die soziale Kompetenz. Dahinter verbirgt sich Kommunikationsfähigkeit der Führungskraft einerseits und andererseits die psychologische Komponente der individuellen Förderung der Mitarbeiter sowie die sozialpsychologische Komponente der Zusammenstellung möglichst konfliktfreier, effizienter Arbeitsteams.

Führungskräfte, die über solche Fähigkeiten verfügen, benötigen keine schriftlichen Regeln für den Umgang mit Mitarbeitern. Sie geben ein gutes Beispiel, Leitbild. Die Mitarbeiter haben Vertrauen, und damit wird der CI-Prozeß erheblich erleichtert. CI-Evolution kommt deshalb ohne Führungsevolution nicht aus.

4.4 Die Bedeutung unternehmerischer Führungssysteme

Unternehmerische Führungssysteme sind Visionen, Leitbilder, Philosophien, Grundsätze, Ziele und Policies. Sie hängen unmittelbar mit Corporate Identity zusammen, weil sie Orientierungspunkte für das Verhalten und die Geschäftstätigkeit liefern. Sie sind für die optimale Funktion eines Unternehmens im Prinzip unerläßlich. Thomas J. Watson (Gründer von IBM) sagte dazu: „Jede Organisation sollte feste Grundsätze haben, auf denen sie ihre Politik und ihr Handeln begründet. Die grundlegende Philosophie, der Geist und Schwung einer Organisation sind bei weitem bestimmender für ihren Erfolg als technologische und wirtschaftliche Kräfte. Sie werden meiner Ansicht nach von der Stärke der Überzeugung überlagert, mit der die Menschen in der Organisation an die Grundsätze glauben, und der Gewissenhaftigkeit, mit der sie nach ihnen handeln". Doch nicht jedes Unternehmen hat eine schriftlich fixierte Philosophie und klar definierte Grundsätze. Häufig existiert die unternehmerische Vorstellung lediglich in den Köpfen der im Unternehmen arbeitenden Menschen.

Grundlage jeder Geschäftstätigkeit ist die unternehmerische Vision. Sie zeigt auf, was das Unternehmen will und wo der Weg grundsätzlich hingehen soll. Die Vision gibt die Zukunftsorientierung wieder, die Idee für das „Übermorgen". Damit zeigt sie zugleich auf, wohin der Weg gehen soll.

Unternehmer im klassischen Sinne sollten die Fähigkeit haben, eine visionäre Vordenkerrolle zu übernehmen und ihre Ideen auch auf den Weg zu bringen. Der „integrierte Technologie-Konzern Daimler-Benz" ist eine solche Vision. Der Weg bis zur Realisierung einer solchen Idee und auch die mentale Verankerung in den Köpfen der Mitarbeiter ist oft ein langer Prozeß. Dennoch, ohne Visionen wird es schwerer sein, Veränderungen im Sinne einer Zukunftssicherung des Unternehmens einzuleiten.

Die Unternehmensphilosophie (vgl. Abbildung 17) bildet im Rahmen der konkreteren nachfolgenden Führungssysteme das strategische Dach. In der Philosophie wird die Grundhaltung der Firma weitergegeben, die Ansichten und Meinungen und damit eine Aussage zu den Basiswerten getroffen. Sie ist gleichzusetzen mit dem heute geläufigen Begriff „Unternehmens-Ethik".

In der Philosophie ist der schriftliche Teil der Unternehmenskultur festgelegt, quasi als Grundgesetz und Verfassung des Unternehmens. Die Philosophie ist die Leitidee des Unternehmens, die unternehmerische Vision, „corporate mission", und beinhaltet im wesentlichen nichtökonomische Aussagen über das Selbstverständnis, den Geschäftszweck, die Tätigkeitsfelder und Beziehungen zu unternehmensrelevanten Gruppen. Sie definiert den „Sinn unternehmerischer Existenz, im Spannungsfeld zwischen dem Selbstverständnis der Unternehmung und den Erwartungshaltungen ihrer Umwelt".[33] Sie ist nach Prof. Dr. Paul W. Meyer „die individuelle Antwort" des Unternehmens auf die Frage, wofür es überhaupt da ist.

Im Idealfall wird in der Unternehmensphilosophie der grobe Rahmen für das Verhalten gegenüber den wesentlichen Austauschpartnern – Mitarbeiter, Abnehmer, Kunden, Verbraucher, Lieferanten, Geldgeber, Wissenschaft und Forschung, Anteilseigner und Gesellschafter, Staat, Gesellschaft und Umwelt – festgelegt.

Viele Unternehmen haben in den vergangenen Jahren versucht, ihre Philosophie in Form von möglichst wenigen griffigen Leitsätzen zu formulieren. Dem liegt die Erkenntnis zugrunde, daß ein derart fixiertes Unternehmensleitbild die Zieldefinition und Entscheidungsfindung wesentlich erleichtert. Die Unternehmensphilosophie ist für alle verbindlich und muß deshalb für alle gültig sein. Dies bedeutet wiederum, daß sie eher allgemein gehalten werden kann und im wesentlichen qualitative Aussagen zu den Unternehmens-Werten in Form einer allgemeinen Willenserklärung macht.

Präziser, faßbarer und konkreter sind hingegen die Unternehmensgrundsätze, die sich direkt aus der Philosophie ableiten. Sie sind die „gedankliche Bündelung betriebstypischer Handlungs- und Entscheidungsprinzipien" und bringen die Wertvorstellung und Entscheidungsgrundlagen ... (des) Unternehmens auf einen (gemeinsamen) Nenner".[34]

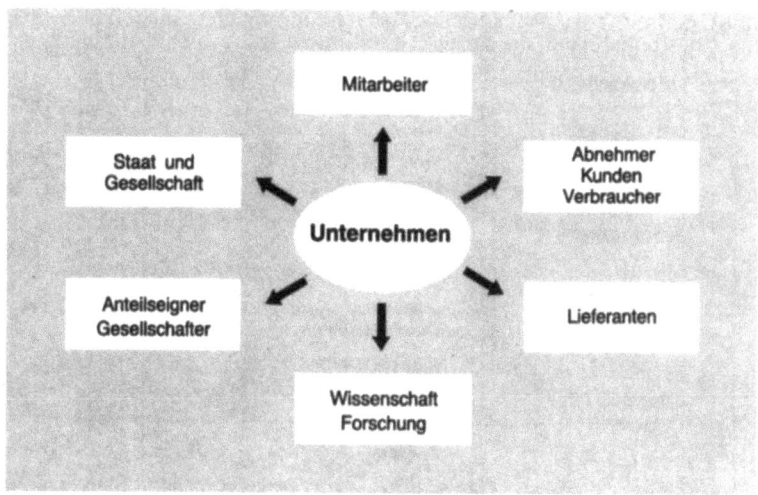

Abbildung 16: Unternehmensphilosophie

In den Grundsätzen ist der Handlungsauftrag bzw. Handlungskodex fest-gehalten. Die in der Vision und Philosophie vorgesehene Zielrichtung wird hier in konkrete Aufgaben bezüglich der Realisation der Ziele ge-faßt. Sie geben damit wieder, was getan werden soll, welche Orientierung in der Organisation vorherrscht und mit welchen Handlungen diese zu rea-lisieren ist. Implizit werden damit die Planungs- und Entscheidungspro-zesse sowie die normativen Grundlagen der Kultur festgelegt. Da die Auf-gaben je nach Bereich unterschiedlich zu definieren sind, sind auch die Grundsätze bereichsspezifisch zu formulieren, z. B. Finanz-Grundsätze, Personal-Grundsätze etc. Die gemeinsame Basis der Vision garantiert, daß sich die einzelnen Strategien ergänzen und die bereichsübergreifenden Abstimmungsprozesse nicht in Machtkämpfe ausarten.

Die Policies beinhalten eine weitere Konkretisierung der Grundsätze. Sie legen die taktisch-prozessualen Schritte fest und machen Aussagen dar-über, welchen unternehmensstrategischen Erfolgspotentialen vorrangig welche Mittel und Ressourcen zugeteilt werden. Auf die einzelnen Berei-che übertragen, machen die „Policies" Aussagen über das „wie" der Ziel-erreichung. Dabei wird zum Beispiel im Rahmen der Kommunikations-

Politik definiert, mit welchen Instrumenten und Inhalten die Kommunikation zu erfolgen habe; die Produkt-Politik legt fest, welche Ausstattungs-, Nutzen- und Anwendungsmerkmale die Produkte haben sollen.

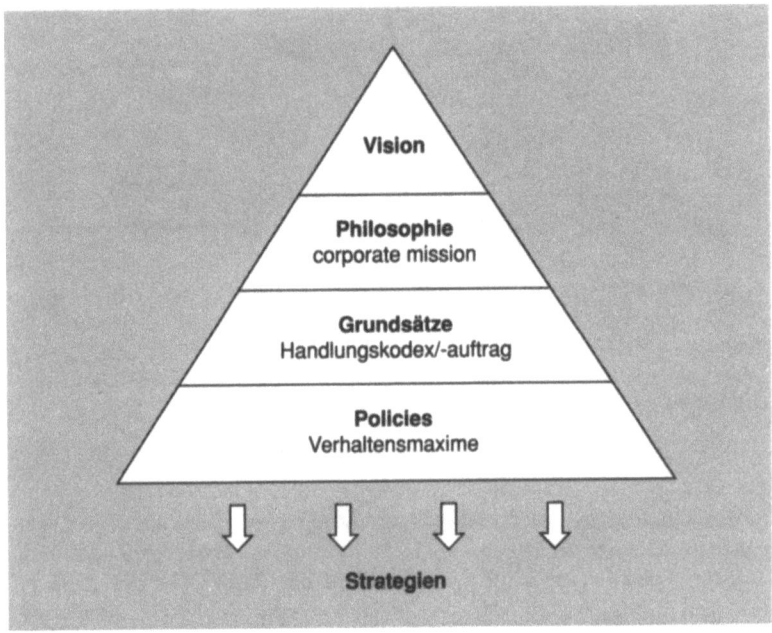

Abbildung 17: Hierarchie unternehmerischer Führungssysteme

Insgesamt repräsentieren die Vision, Philosophie, Grundsätze und Policies logisch aufeinander abgestimmte, in sich konsistente Führungssysteme, die für den reibungslosen Ablauf und das Funktionieren einer Organisation unerläßlich sind. Sie übernehmen deshalb bei der Realisierung von Corporate Identity eine wichtige Funktion. Dabei bilden die Vision und Philosophie die Ausgangspunkte und Orientierung für die Identitätsentwicklung (Abbildung 17).

Verschiedene Studien zu den Themen „Philosophie" oder „Kompetenzformulierung" machen deutlich, daß viele Unternehmen sich um dieses Führungsinstrument bisher wenig Gedanken gemacht haben. Entweder fehlen eine Vision und Philosophie, oder die publizierten Formulierungen erwecken den Eindruck, recht oberflächlich verfaßt worden zu sein. Visionen und Philosophie werden damit zu reinen „Kunstobjekten" und sind kaum in der Lage, als Orientierungshilfen genutzt zu werden.

Mit dem Willen nach Corporate Identity entsteht häufig erst die Erkenntnis, daß eine schriftlich fixierte, leitbildfähige Vision und Philosophie erforderlich sind. Die Beschäftigung mit Corporate Identity liefert daher die ersten Impulse und Hinweise für eine Formulierung.

Auf der realistischen Grundlage der Fähigkeiten, Fertigkeiten, dem Geschäftszweck und der Kultur sowie der übrigen Rahmenbedingungen werden ökonomische, gesellschaftliche, soziale Visionen entwickelt, die die unternehmerische Grundhaltung reflektieren. Diese sind integraler Bestandteil des Corporate-Identity-Konzeptes. Im Verlauf der Identitäts-Entwicklung werden diese Visionen in konkrete Handlungsgrundsätze, Ziele und Policies transformiert. Sie legen letztendlich dar, was machbar ist, was nötig ist und wie die eigene Identität wahrnehmbar gemacht werden kann und soll.

Der Prozeß von Corporate Identity beinhaltet deshalb immer auch die Entwicklung eines ganzheitlichen Führungssystems, wobei der Mitarbeiterorientierung, dem Stil in Führung und Verhalten, der Information und Kommunikation ein hoher Stellenwert eingeräumt werden muß.

Corporate Identity entwickelt sich von innen heraus. Die Instrumente und Inhalte der Unternehmenskommunikation bedürfen der Bestätigung durch das Verhalten der Organisationsmitglieder. Führungssysteme, die den „human factor" nicht oder nur oberflächlich verankert haben, sind für die Realisierung von Corporate Identity ungeeignet.

Sachliche Ziele sind richtig und wichtig. Sie allein können allerdings keine Identifikation auslösen. Erst die „erlebte" Wertschätzung durch das System schafft bei den Mitarbeitern das nötige Commitment, sich für die Firma und im Sinne der Firma zu engagieren. „Auf die Menschen kommt es an, nicht auf Maschinen".[35]

4.5 Die organisatorische Verankerung

Die Verantwortung für Corporate Identity ist nicht zu delegieren, wohl aber die Koordination und das Management der CI-Arbeit. Hierzu bedarf es bei großen Unternehmungen der Einrichtung einer Stabsabteilung. Bei kleineren Firmen übernimmt der Inhaber, Geschäftsführer oder Assistent der Geschäftsleitung die Aufgaben der Stabsabteilung. Diese Abteilung hat mehrere Aufgaben:

- Erstellung von Projekt-, Zeit- und Kostenplänen,
- Auswahl der Projekt-Mitarbeiter und Zusammenstellung der Teams,
- Organisation, Koordination, Supervision und fachliche Unterstützung der Projekt-Arbeit,
- Bereinigung von Konflikten,
- Nahtstelle zur Geschäftsleitung,
- Integrierte Verarbeitung der Projekt-Ergebnisse und Präsentation vor der Geschäftsleitung,
- Führung der externen Berater,
- Kommunikations- und Kooperations-Coaching sowohl der Projekt-Mitglieder wie der Geschäftsleitung zusammen mit externen Beratern.

Die Einrichtung eines CI-Stabes ist keine kurzfristige Angelegenheit. Sie sollte deshalb als permanente Institution geplant werden. Der Arbeitsaufwand ist allerdings unterschiedlich, und so bedarf es einer flexiblen personellen Ausstattung dieses Stabes. Zu Beginn und im Verlauf der ersten zwei bis vier Jahre – die Dauer hängt von der Größe der Organisation ab und kann bei kleineren Unternehmen kürzer sein – fällt die meiste Arbeit an, da in dieser Zeit die Grundzüge der Corporate Identity ausgearbeitet, umgesetzt und auf Erfolg überprüft werden müssen. Diese Zeit ist begleitet von intensiver Projekt-Arbeit mit unterschiedlichen Teams. Auch werden Anlaufschwierigkeiten zu weiteren Modifikationen der Projekt- und Zeitpläne führen. Mit der Zeit wird der Prozeß eine gewisse Eigendynamik entfalten, der nur noch gelegentliche Projektarbeit erforderlich macht. Die Ergebnisse sollten jedoch permanent mit dem definierten Soll-Konzept abgeglichen werden.

Zusätzlich sollte bei routinemäßigen Marktuntersuchungen und Mitarbeiter-Befragungen überprüft werden, ob das Soll-Konzept und seine Umsetzung noch den Anforderungen entspricht oder ob Korrekturen vorgenommen werden müssen.

Die Arbeit an der eigenen Corporate Identity ist ein nie endender, kontinuierlich fortzuschreibender Prozeß, der sich parallel mit den Veränderungen der Märkte, technologischem, gesellschaftspolitischem und sozialem Wandel vollziehen muß. Corporate Identity darf kein starres Korsett sein, das die Wahrnehmung von Veränderungen erschwert oder gar verhindert. Die

Identitätsentwicklung ist ein lebendiger Prozeß, der sich im Austausch mit der Umwelt vollzieht und falls nötig verändert wird, indem die Prioritäten neu festgelegt werden. Der Prozeß als solcher ist kontinuierlich zu beobachten und planvoll zu gestalten im Rahmen eines systematischen Corporate-Identity-Controlling.

Die Notwendigkeit des Durchgriffrechts auf die Organisation erfordert eine Aufhängung der Stabsabteilung an der Führungsspitze, beim Vorstandsvorsitzenden, Geschäftsführer, Inhaber. Bei hierarchisch (und weniger fachlich) orientierten Firmen sollte der Status des Stabes möglichst hoch angesiedelt sein. Darüber hinaus müssen die Mitarbeiter des Corporate-Identity-Stabes jederzeit Zugang zur Geschäftsleitung haben und auch von dieser bei ihrer Arbeit unterstützt werden.

Von der Integration des Stabes in einen bereits bestehenden Bereich, allein aus hierarchischen und formellen Opportunitätsgründen, ist entschieden abzuraten.

Der CI-Stab muß eine sichtbare Sonderstellung erhalten, um innerhalb der Organisation akzeptiert zu werden, seine Unabhängigkeit von bereichsspezifischen Besonderheiten zu demonstrieren. Durch die Integration in einen bestehenden Bereich wird der CI-Stab in politische Machtkämpfe verwickelt und ist interessenverdächtig. Die Arbeit wird auf diese Weise erheblich behindert, wenn nicht gar verhindert.

Der Umfang und die Qualität der Aufgabe erfordert ein Höchstmaß an Corporate-Identity-Kompetenz, also fachliches Know-how, genaue Kenntnis des Unternehmens, seiner Strukturen und Aufgaben, eine hohe Anerkennung innerhalb der Organisation und soziale Kompetenz, so daß Konflikt-Situationen frühzeitig erkannt und gelöst werden können. Die Aufgabe verlangt einen vertrauenswürdigen und vertraulichen Umgang mit dem Top-Management und den Mitarbeitern der Linie gleichermaßen. Die Stabsmitarbeiter sollten deshalb eine ausgeprägte kommunikative Kompetenz mitbringen, die den persönlichen Kontakt erleichtert, aber nicht zu interessenverdächtigen Verbrüderungen führt.

4.6 Die Phasen des CI-Prozesses

Voraussetzung für die erfolgreiche Realisierung von Corporate Identity sind:

- Bekenntnis der Unternehmensleitung,
- exakte Status-quo-Bestimmung hinsichtlich der derzeit gebotenen Identifikationsanreize, aus Außen- und Innensicht,
- Unternehmensphilosophie als roter Faden für den Prozeß,
- Führungs- und Kommunikationsstrukturen, die die Durchlässigkeit gewährleisten.

Diese Voraussetzungen sind in der Praxis selten alle erfüllt, und so beginnt die eigentliche Arbeit an der Corporate Identity wesentlich früher.

Am Anfang steht die Überzeugungsarbeit, die in ein Bekenntnis der Unternehmensleitung einmünden soll. Die Unternehmen wissen häufig recht wenig darüber, welche Verhaltensweisen und welche Aspekte der Unternehmensleistung den Mitarbeitern und den externen Austauschpartnern Anreize zur Identifikation bieten. Die Kenntnis der Corporate-Identity-Potentiale zeigt indes auf, wo die Arbeit beginnen kann, welche Stärken ausbaufähig sind und welche Schwächen abgebaut werden können.

Die Unternehmens-Philosophie bildet den roten Faden der Corporate-Identity-Arbeit. Unternehmen, die sich mit Corporate Identity beschäftigen, sind auf der Suche nach einer eigenen Identität und haben deshalb häufig keine klar formulierte und umgesetzte Philosophie. Die praktische Corporate-Identity-Arbeit macht darüber hinaus deutlich, daß meist die internen Verhaltensweisen wie Führungsstil, Information und Kommunikation einer Verbesserung bedürfen. Autoritäres Verhalten, Angst vor Macht-Verlust, mangelnde Information und Kommunikation sind Elemente, die eine wirksame und erfolgreiche Corporate-Identity-Arbeit unmöglich machen.

Die Umsetzung eines Identitäts-Konzeptes gleicht einem Evolutionsprozeß, der nicht statisch, sondern dynamisch verläuft. Für die Realisierung gibt es deshalb kein Patent- oder Standardrezept, noch einen klar zu definierenden Zeitraum. Die Evolution oder Entwicklung der Identität ist eine individuelle Angelegenheit und deshalb von Unternehmen zu Unternehmen anders. Sie ist eine kreative Leistung und erfordert viel Freiheit, viel Information, hohe gegenseitige Wertschätzung und wenig Hierarchie.

Für alle Unternehmen gleichermaßen läßt sich hingegen ein logisch strukturiertes Ablauf-Raster mit unterschiedlichen Aufgabenstellungen definieren. Danach ist die Arbeit an der Corporate Identity ein Prozeß, der sich thematisch in Phasen gliedern läßt, die in einer zeitlichen Reihenfolge abzuarbeiten sind. Die inhaltlichen Aspekte ergeben sich aus dem Unternehmen selbst, und die zeitliche Dauer hängt von den gegebenen Bedingungen wie Einsichtsfähigkeit, Kultur, Kommunikationsfähigkeit und Veränderungsbereitschaft ab (Abbildung 18).

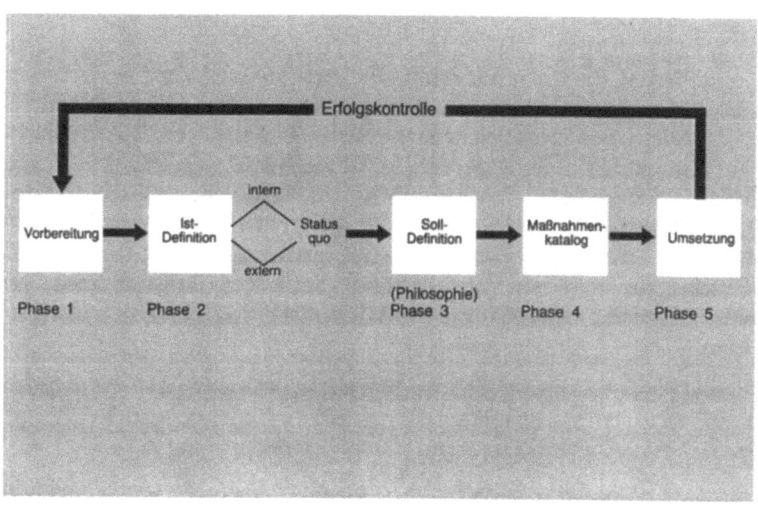

Abbildung 18: Prozeß der Erarbeitung einer Corporate Identity

Dabei gilt jedoch ein weiteres Prinzip: Je besser die Aufgaben der vorausgegangenen Phase durchdacht und gelöst und je präziser die Ergebnisse formuliert wurden, um so einfacher gestaltet sich die Arbeit der nächsten Stufe und um so kürzer ist die dafür benötigte Zeit. Aber je größer die Unternehmung und je heterogener die Meinungen zum Unternehmen, um so länger dauert der Prozeß.

Jedes Unternehmen, das sich mit seiner Corporate Identity beschäftigt, sollte sich darüber im klaren sein, daß man dazu

– Geduld, Zeit und Mut,
– Engagement und Einsichtsfähigkeit,

115

- soziale Kompetenz,
- Verständnis und Kompetenz in Sachen Corporate Identity,
- Unterstützung durch interne und externe Stellen

braucht.

Phase 1: Vorbereitung und Problemdefinition

Die Initiierung des Prozesses erfolgt im Idealfall durch das Top-Manage-ment. Im weniger günstigen Fall durch die zweite Ebene. Hier tauchen be-reits die ersten Schwierigkeiten auf. Geht die Initiative vom Top-Manage-ment aus, gibt es in der Regel relativ wenige Hemmnisse, die den Prozeß aufhalten oder scheitern lassen könnten. Ist dagegen die zweite Etage Mo-tor und Initiator, kann sich, je nach der kulturellen Konstitution und den Machtverhältnissen, die Vorbereitung als relativ aufwendig, frustrierend und zeitintensiv erweisen oder der Prozeß gar nicht in Gang kommen. Die zweite Ebene muß nämlich unter Umständen sehr viel Überzeugungsarbeit leisten.

Bei zwei Firmen konnte ich beobachten, wie schwierig es ist, CI-Aktivitäten aus der zweiten Ebene heraus zu starten. Die Initiatoren müssen dabei oft über Jahre hinweg viel Engagement und Geduld aufbringen.

In einem Fall verlief das Vorhaben im Sande, weil die Mitarbeiter nicht in der Lage waren, über mehrere Jahre dieselbe Motivationslage und ein gleichbleibend hohes Engagement aufzubringen, zumal die operative Tä-tigkeit im Unternehmen sehr viel Zeit beanspruchte. Im anderen Fall muß-ten die Initiatoren mehrere Jahre warten, und es bedurfte der informellen Unterstützung durch externe Dritte – nach dem Motto „der Prophet gilt im eigenen Lande nichts" –, bis grünes Licht aus der Unternehmensleitung kam. Dieses Verhalten allein gibt bereits einen Hinweis auf die Kultur der Unternehmung und ihre Schwäche. Solche Firmen sind geprägt durch man-gelndes Vertrauen in die Kompetenz und den Leistungswillen der Mitarbei-ter. Die Hierarchie ist meist sehr ausgeprägt, verbunden mit einem Kom-munikationsdefizit zwischen den einzelnen Ebenen. Die hierarchische Macht wird nicht zur Weiterentwicklung und zum Ausbau von Fähigkeiten der Mitarbeiter genutzt, sondern zur Absicherung und Legalisierung der ei-genen Position. Informationsdefizite sind dabei an der Tagesordnung, weil Informationsweitergabe als Macht- und Sanktions-Instrument eingesetzt wird. Die Arbeit an der eigenen Corporate Identity war also längst überfällig.

Der Corporate-Identity-Prozeß bedarf aber der offenen Kommunikation, der Information und des informellen Abbaus überkommener Hierarchien. Intensives Kommunikations-Training der ersten Führungsebene ist meist unerläßlich. Der zeitliche Aufwand für die Phase kann durch vielfältige interne Restriktionen erheblich erhöht werden.

Zu warnen ist davor, daß Corporate Identity wie ein modisches Accessoire, Schnickschnack, gehandhabt wird, weil es gerade „schick", „in" ist, sich mit diesem Thema auseinanderzusetzen. Die Beschäftigung mit Corporate Identity ist Chance und Risiko zugleich. Um dies zu begreifen und abschätzen zu können, muß man Corporate Identity verstanden haben, das heißt Wissen über die Corporate Identity, ihre Elemente, Wirkung und Konsequenzen besitzen. Die Analyse und Umsetzung entlarvt ungeeignete Methoden der Führung und des Verhaltens. Dies kann ein schmerzhafter Prozeß sein und wird vor allem dann nicht zum Erfolg führen, wenn das Management nicht konfliktfähig und zur kontextbezogenen Diskussion und Kommunikation bereit ist.

Die Problemdefinition ist zunächst eine Aufgabe des Managements. Hier spielen Erfahrungswerte, Eindrücke und die Situation der Firma im Markt- und Wettbewerbsumfeld eine Rolle. Fragen, die den Anfang erleichtern, sind:

1. Sind wir in der gegebenen Struktur (Organisation und Ressourceneinsatz) in Zukunft noch wettbewerbsfähig?
2. Haben wir die richtigen Ressourcen und werden diese in der richtigen Art und Weise eingesetzt?
3. Wo liegen die wesentlichsten Stärken und Defizite, welche Chancen und Risiken ergeben sich daraus?

Die Beantwortung der Fragen stellt eine erste grobe Bestandsaufnahme dar und sensibilisiert das Denken für die weitere Problemdefinition. Häufig weisen die Antworten bereits auf erste Defizite oder Lücken hin, die zu einer Schärfung des Problembewußtseins führen. Wichtig dabei ist, daß das Management hier nicht allein gelassen wird und so erste Frustrationen zu ersten Barrieren werden. Die Diskussion der Führungskräfte sollte deshalb von einem kompetenten, neutralen Dritten – einem Change Agent – moderiert und geführt werden. Problemdiskussionen geraten immer wieder ins Stocken, weil Kommunikations-Blockaden den offenen Schlagabtausch verhindern. Auch werden – ohne externe Unterstützung – meist einzelne Personen versuchen, die Führungsrolle zu übernehmen, oder es kommt zu gegenseitigen Schuldzuweisungen. Einer realistischen Problemdefinition läuft solches Verhalten diametral zuwider.

Ist der erste Schritt der Problemdefinition erst einmal erfolgreich abgeschlossen, kann sich das Management essentielleren Fragestellungen zuwenden. Im wesentlichen sind dies wiederum drei Fragen-Komplexe:

1. Wer sind wir, worin besteht unser wirtschaftlicher und gesellschaftlicher Beitrag, was ist unsere Corporate Mission, worin besteht unsere Einzigartigkeit?
2. Wie haben wir uns in den vergangenen Jahren verändert, welche Nachteile/Vorteile sind uns daraus erwachsen?
3. Wie wollen wir sein und warum, was können wir, was paßt zu uns?

Die Antworten auf diese Fragen sind ein erster Entwurf der Unternehmensphilosophie und eine grobe Definition der Kompetenz. Die Einbeziehung der historischen Entwicklung gibt einen Hinweis auf die Möglichkeiten, Chancen und Zielrichtung des Corporate-Identity-Prozesses. Die Erkenntnisse dieser Phase sind schriftlich festzuhalten und später mit den Ergebnissen der Ist-Analyse zu vergleichen. Große Differenzen zwischen Grobentwurf und Ist-Analyse zeigen auf, wie weit das Management von der Unternehmensrealität entfernt ist.

Zusammengefaßt ergeben sich für die erste Phase folgende Aufgabenfelder:

– Wissensvermittlung und Aufklärung über die ganzheitliche Corporate Identity
– A priori Problemdefinition der Unternehmung
– Konflikt-Training und Kommunikation-Coaching
– Erster Entwurf der Soll-Identität auf Basis des gemeinsamen Selbstbildes

Phase 2: Ist-Analyse zur Ist-Identität

In der ersten Phase ging es um die Schärfung des Problembewußtseins und die Definition des unternehmerischen Selbstverständnisses des Top-Managements. Dabei wurden wichtige Fragen, zum Beispiel wie sehen Umwelt, Öffentlichkeit, Kunden, Mitarbeiter das Unternehmen, zwar implizit mitbehandelt, jedoch nicht in der erforderlichen Tiefe ermittelt. Dies ist Aufgabe der zweiten Phase. Die beiden Phasen sollten allerdings zeitlich voneinander getrennt bearbeitet werden, da der erfolgreiche Abschluß der ersten Stufe und Konsens hinsichtlich der Notwendigkeit eines Corporate-Identity-Prozesses eine wesentliche Voraussetzung für eine präzise Ist-Analyse ist.

Je nach Größe, öffentlicher Bedeutung, Bekanntheit und Tätigkeitsfeldern (Investitionsgüter, Konsumgüter, Dienstleistung etc.) wird die Ist-Analyse von unterschiedlichem Umfang sein müssen. Bekannte, große Unternehmen mit verbrauchernahen Leistungen werden einen größeren Analyseaufwand betreiben müssen als kleinere, öffentlich weniger bekannte Zulieferer anderer Industriebereiche.

Die Ist-Analyse gliedert sich in zwei Teile, die interne und externe Betrachtung. Intern ist zunächst der Ist-Zustand der Mitarbeiter-Identifikation, seine Stärken und Schwächen zu ermitteln. Sie liefert erste Ansatzpunkte für Maßnahmen zur Entwicklung eines Corporate Behavior. Zusätzlich sollten die wesentlichen verhaltensbestimmenden und restriktiven Kulturmerkmale sowie die Fähigkeiten, Fertigkeiten, Ausstattungsmerkmale und Ressourcenpotentiale der Firma herausgearbeitet und auf ihre Flexibilität geprüft werden. Die Ausprägung der Merkmale zeigt auf, was grundsätzlich und kurzfristig veränderbar ist und in welchen Bereichen unüberwindbare Hemmnisse bestehen, die nur über langfristige Prozesse oder radikale Maßnahmen (z. B. Abflachen der Hierarchie, Austausch des Mittelmanagements) zu verändern wären. Radikalschnitte sind wenig erfolgversprechend, es sei denn, die Firmen-Situation zwinge infolge eines wirtschaftlichen Engpasses dazu.

Die interne Positionsbestimmung gibt Hinweise auf das Selbstverständnis der Organisationsmitglieder und ist damit Ausgangspunkt für die Präzisierung der Philosophie. Sie zeigt aber auch die wesentlichen Schwächen der Organisation auf und ist deshalb für die Maßnahmenplanung zur Realisierung von Corporate Identity unerläßlich.

Im Teil 3 dieses Buches wurde darauf verwiesen, daß Corporate Identity sich nicht im luftleeren Raum bewegen kann, sondern im Spannungsfeld zwischen Fremdeinschätzung und Selbstverständnis zu entwickeln ist. Insofern ist die externe Analyse ebenfalls unabdingbar. Im wesentlichen geht es dabei um die Fragen: Wie sehen mich die Umwelt, Öffentlichkeit, Kunden, Verbraucher, und welche Identifikationspotentiale bietet das Unternehmen und seine Leistungen? Wesentliche Impulse zur inhaltlichen Definition der Image-Analyse kann dabei das Selbstbild des Top-Managements liefern.

Aus der Gegenüberstellung der internen und externen Analyse lassen sich die wesentlichen Erfolgsfaktoren für die Firma und die Zielrichtung der Corporate Identity aufzeigen. Dabei ist allerdings nach dem Corporate-Identity-Verständnis keine opportunistische Anpassung an die vielschichtigen Identitätserwartungen der Umwelt gemeint, sondern ein selbstbewußtes „Position-beziehen" im Spannungsfeld zwischen den eigenen Vorstellungen und den externen Erwartungen. Die Erfolgsfaktoren zeigen auf, welche Aspekte der Identität glaubwürdig sind, Akzeptanz hervorrufen im Sinne einer realisierbaren Vision, in welchen Bereichen dem Unternehmen Kompetenz zugestanden wird und wo nicht. Jene Aspekte, bei denen zwischen Selbstbild und Fremdbild die größte Übereinstimmung besteht, bieten die besten Ansatzpunkte für die Weiterentwicklung. Hingegen müssen bestehende Meinungs-Differenzen gezielt, mit entsprechenden Maßnahmen abgebaut werden.

Phase 3: Identitätsentwurf – Soll-Definition und Führungs-Systeme

Nachdem die Untersuchungsergebnisse vorliegen und festgestellt wurde, welches die identitäts-prägenden Merkmale der Firma sind, kann über die konkrete Formulierung der Kompetenz, der visionären unternehmerischen und ethischen Ziele nachgedacht werden. Die verbale Ausgestaltung der Philosophie, des Selbstverständnisses darf sich nicht auf Allgemeinplätze beschränken. Fragwürdige, unverständliche, nicht nachvollziehbare Formulierungen lassen sich nicht auf die Organisation übertragen.

Die Definition und Festschreibung der Philosophie ist primär eine Aufgabe der Unternehmensleitung. Doch es können eine Reihe von Vorarbeiten von den Mitarbeitern erledigt werden.

Die arbeitsteilige Vorgehensweise hat zusätzlich einen hohen Motivationseffekt. Die Mitarbeiter sind Beteiligte und Betroffene und können so die Inhalte besser vertreten.

Die Aufgabe der Geschäftsleitung besteht nun darin, eine Projektorganisation aufzubauen, die – wieder je nach Größe der Unternehmung – aus mehreren Arbeitsgruppen besteht. Die Teammitglieder sollten aus allen Bereichen der Firma stammen und alle Hierarchiestufen mit einschließen.

Die Projekt-Arbeit ist anfänglich ein schwieriger Prozeß, weil die Mitglieder erst lernen müssen, sich zu verstehen und ohne hierarchische Zwänge miteinander zu kommunizieren. Die Projekte sollten deshalb – wie auch der weitere Verlauf – durch einen gruppendynamisch geschulten, kompetenten externen Fachmann begleitet werden. Die Mitglieder müssen lernen, die gruppendynamischen Strukturen zu begreifen und zu handhaben. Einige gemeinsam festgelegte Grundregeln der Zusammenarbeit, die Definition einer Geschäftsordnung oder die Auflistung von Verhaltensweisen und Aussagen, die zu vermeiden sind, können dabei sehr hilfreich sein.

Die Teams sollten geschickt zusammengesetzt werden, um Reibungsflächen nach Möglichkeit zu vermeiden. Spannungen innerhalb eines Teams reduzieren die Arbeitseffizienz. Außerdem sollte darauf geachtet werden, daß vor allem engagierte Mitarbeiter in die Teamarbeit miteinbezogen werden, die bewiesen haben, daß sie gegenüber Vorgesetzten nicht im Sinne einer opportunistischen Anpassung auftreten.

Auf Basis der Ergebnisse der Bestandsaufnahme beginnt die Arbeit an der Soll-Konzeption der Unternehmung. Konkret geht es dabei um die Beantwortung der Fragen: Wer sind wir, was können wir, wie wollen wir uns im Spannungsfeld zwischen der eigenen Organisation, dem Markt, dem Wettbewerb, der Gesellschaft bewegen und darstellen? Daraus lassen sich Themenschwerpunkte bündeln, die von den Teams in einem definierten zeitlichen Rahmen bearbeitet werden. Die ausgearbeiteten Vorschläge dienen der Unternehmensleitung als Grundlage für die abschließende Formulierung der Philosophie.

Die Philosophie repräsentiert das grundsätzliche Werte-System und ist der Leitfaden für die weiteren Tätigkeiten, wie Entwicklung von Unternehmensgrundsätzen, einer Corporate-Identity-Konzeption und Policies. Sie sollte daher folgende Prämissen erfüllen:

- eine Vision, die realisierbar ist;
- eine Positionsbestimmung, die klar, verständlich und nachvollziehbar ist;
- sinnvolle und akzeptable Aussagen, die den Bedürfnissen der internen und externen Austausch-Partner gerecht werden.

Eine einmal definierte Philosophie muß sich der internen Diskussion stellen. Die Diskussion darf allerdings nicht in Konformitätsdruck ausarten, denn Druck erzeugt eine Reduktion der Risiko- und Konfliktbereitschaft. In einer Philosophie kann nicht auf alle, kleinste Bedürfnisse Rücksicht genommen werden. Die Diskussion dient deshalb dazu, einen Konsens zu erarbeiten, das Gefühl der echten Partizipation zu vermitteln und somit die Basis für „Wir-Gefühl" und „kollektives Selbstwertgefühl" zu erzeugen.

Die gemeinsame Erarbeitung ist ein sehr wichtiger Prüfstein für das Management. Hier wird der weitere Fortgang des Prozesses entschieden. Mangelnde Kompromiß- und Konfliktfähigkeit werden die Aktivitäten zum Scheitern bringen beziehungsweise die Realisierung behindern.

Die gemeinsam erarbeitete Philosophie muß nun so schnell wie möglich in die gesamte Organisation getragen und in bereichsspezifische Grundsätze transformiert werden. Dies ist das erste Aktionsfeld für Design-Berater, deren Aufgabe darin besteht, die schriftlich fixierten Gedanken in visuelle Impulse umzusetzen.

Parallel dazu erarbeiten die Teams bereichs- und themenspezifische Grundsätze, zum Beispiel zur Führung, zur Organisation, die als Leitfaden für das Verhalten der Mitarbeiter dienen und komplizierte Entscheidungsprozeduren vereinfachen helfen. Hier gilt der Grundsatz: Je unmißverständlicher die Philosophie formuliert wurde, je demokratischer der Formulierungsprozeß war (keine Akklamationsveranstaltungen für längst getroffene Entscheidungen), um so einfacher verläuft der Prozeß der Grundsatz-Formulierung und um so weniger werden Konflikt-Vermeidungs-Formulierungen nach dem Opportunitätsprinzip auftauchen.

Die Formulierung der Grundsätze ist Aufgabe der Mitarbeiter, die danach handeln müssen. Das Top-Management dient in dieser Phase lediglich als Resonanzboden, Diskussionspartner und Sponsor.

Nach Abschluß und allgemeiner Verabschiedung müssen die Philosophie und die Grundsätze allen Mitarbeitern zugänglich gemacht werden. Es ist dafür Sorge zu tragen, daß alle die Formulierungen lesen und damit der erste Schritt zur Verinnerlichung erfolgen kann. Wettbewerbe, Preisausschreiben, Planspiele können hier verstärkend wirken.

Phase 4: Realisierungskonzept –
Strategie der Evolution

Der Corporate-Identity-Prozeß läuft nach den Spielregeln der strategischen Unternehmensplanung. Folglich muß der allgemeinen Strategie-Zielformulierung (Soll-Konzeption) die Ausarbeitung eines Maßnahmen-Kataloges zur Umsetzung folgen. Aufgrund der Komplexität der Thematik und vor allem deshalb, weil die Menschen mit ihren vielschichtigen Neigungen, Erfahrungen, Einstellungen bei diesen Aktivitäten eine bedeutende Funktion einnehmen, ist die Realisierung einer Corporate Identity ein langwieriger Prozeß. Insofern erscheint es angebracht, hier von der Strategie der Evolution zu sprechen.

Nachdem festgelegt ist, was erreicht werden soll, müssen die einzelnen Aspekte der Organisation, die Struktur, die Kommunikation, die vielfältigen Ausdrucksmerkmale und das Verhalten dahingehend überprüft werden, ob sie mit der Zielvorstellung übereinstimmen und was getan werden muß, um den Soll-Zustand zu erreichen.

Die Formulierung der Unternehmensgrundsätze war der erste Schritt in diese Richtung, der allerdings einer Verankerung in der Unternehmung bedarf. Schriftlich fixierte Grundsätze, die allein auf dem Papier stehen, und zwar möglicherweise gelesen, jedoch mental nicht verarbeitet und verinnerlicht wurden, helfen wenig. Weitere konkrete Maßnahmen müssen folgen, um die Grundsätze erlebens- und lebensfähig zu machen.

Hierzu gibt es – wie für den gesamten Prozeß – keine Standardrezeptur. Es lassen sich lediglich Hilfsmittel und Instrumente aufzeigen, die bei der Identitäts-Evolution angewandt werden können (vgl. S. 119 ff. u. 128 ff.).

Betroffen sind alle Bereiche des Unternehmens: das Marketing, die Personalabteilung, die Produktion, Entwicklung, die kaufmännischen Bereiche und PR-Abteilungen. Um Mißverständnissen vorzubeugen und das Verständnis untereinander zu fördern, bietet sich an, je nach Thematik bereichsübergreifende Arbeitsgruppen zu bilden. Diese Gruppen arbeiten wiederum parallel an verschiedenen Themen.

Zunächst stehen Maßnahmen zum Corporate Design, der Coporate Communication, dem Corporate Behavior und der CI-konformen Struktur-Revision im Blickpunkt. Daraus leiten sich bereichsspezifische Aktivitäten ab. Im Rahmen der Corporate Design-Aktivitäten gilt es, verbindliche, allgemeingültige Gestaltungsrichtlinien für die gesamte Organisation zu entwickeln. Angefangen von Signets, Schrifttypen, Farben bis hin zu Layouts sind sämtliche schriftlichen Unterlagen einer Firma an einheitlichen Standards und Rahmenrichtlinien auszurichten, gleichgültig ob es sich um interne Dokumente, Formulare, Broschüren, Hauszeitschriften oder externe Medien wie Werbung, Stellenanzeigen, Geschäftsberichte, Briefbögen handelt.

Zusätzlich sind für die Produkte, Verpackungen und auch die Werbeartikel klare Design-Standards zu definieren, die mit den Gestaltungsrichtlinien der schriftlichen Unterlagen korrespondieren. Unternehmen, bei denen jeder Bereich ein anderes Design verwendet, stiften intern wie extern Verwirrung, die sich nachteilig auf die ganzheitliche Wahrnehmung und damit die CI auswirken.

Dabei sollten die Rahmenrichtlinien nicht die inhaltliche, gestalterische Kreativität einengen, sondern lediglich ein verbindliches Ordnungsraster definieren.

Die Gestaltung allein ändert indes wenig. Sie gibt lediglich visuelle Impulse, die eine Identifikation erleichtern. Hinzu kommen muß eine konsequente Kommunikationspolitik gegenüber internen und externen Stellen. Das Gefühl, nur ungenügend über die Vorgänge im Unternehmen informiert zu sein, ist ein häufiger Kritikpunkt der Mitarbeiter. Die Kommunikationspolitik muß deshalb zunächst an den internen Gegebenheiten arbeiten und Konzepte entwickeln, die – wie Watzlawick meint – einer „entarteten" oder „psychogenen" Kommunikationsstruktur vorbeugen. Kommunikation, die auf „Gerüchte" aufbaut, ist gefährlich. Gerüchte sind häufig mit einem Negativ-Touch versehen, gelangen nach außen und sind damit unternehmensschädigend. Die interne Kommunikation muß stimmen, damit die externe Unternehmens-Kommunikation glaubwürdig wird. Bei der externen Kommunikation geht es nicht allein um Werbung oder PR-Mätzchen. Es ist damit der gesamte Auftritt der Unternehmung gemeint, seine Bereitschaft zum Dialog mit einzelnen Gruppen – Feinden wie Freunden. Die glaubwürdige Darstellung der gesellschaftspolitischen Verantwortlichkeit und Unternehmensethik ist ein wesentliches Merkmal der Kommunikation. Aktives Aufgreifen kritischer Problemfelder, Verdeutlichung von Konflikten, zum Beispiel zwischen Ökonomie und Ökologie, und Signalisierung der Bereitschaft, gesellschaftlich verantwortungsbewußt Pro- und Kontra-Argumente aufzugreifen, ist ein wesentliches Aktionsmerkmal bei der Evolution der Unternehmens-Identität.

In diesem Zusammenhang gewinnen Sponsorships zunehmend an Bedeutung. Sponsoring ist zwar primär ein absatzpolitisches Instrumentarium mit einem klar zu definierenden Gegenwert, doch es symbolisiert auch zu einem großen Teil die Verantwortlichkeit und Haltung des Untenehmens im gesellschaftspolitischen Umfeld. Professionelles Sponsoring berücksichtigt demzufolge beide Aspekte und vermeidet marktschreierische Tendenzen vor allem in den Bereichen Kultur- und Sozio-Sponsoring. So ist zum Beispiel Sozio-Sponsoring, eingesetzt als „ein etwas anderes Werbe- und PR-Instrument" ein reines Ausweich- und Ablenkungsmanöver. Es hat kaum eine Chance, glaubwürdig im Sinne eines gesellschaftlichen Engagements zu wirken und ist keineswegs der Corporate Identity förderlich. Soziale Verantwortung ist kein Werbegag, sondern eine Frage der inneren Haltung. Sozial verantwortungsbewußte Persönlichkeiten treten kaum von sich aus ins Rampenlicht der Öffentlichkeit, was nicht bedeutet, daß ihr Handeln in der Öffentlichkeit unbemerkt bleibt.

In der Kommunikationspolitik und im Kommunikationsverhalten muß sich der Geist und der Stil des Hauses widerspiegeln. Die einzelnen Adressaten-Gruppen können − entsprechend ihren Bedürfnissen und Interessensrichtungen − durchaus unterschiedlich angesprochen werden, die Qualität der Kommunikation bleibt jedoch gleich. Die Informationen müssen sogar den unterschiedlichen Zielgruppen angepaßt werden, damit sie verstanden und bei der internen Kommunikation in entsprechendes Verhalten umgesetzt werden können. Eine neue Rechtsverordnung, im „Juristen-Deutsch" formuliert, das Verkaufsgeschäft betreffend, wird sicherlich nicht von jedem Verkäufer so ohne weiteres verstanden und läuft dann Gefahr, in der Schublade zu verschwinden. Das heißt, die Botschaft, die übermittelt werden soll, muß vom Empfänger verstanden werden, so daß es zu einem Dialog kommen kann.

Welche weiteren Maßnahmen ergriffen werden, ob gezielte Image-Politik durch Einsatz des CI-Mixes oder grundsätzlicher Struktur- und Kulturwandel, hängt von der gegebenen Situation ab. In der Regel wird ein Unternehmen jedoch nicht umhin kommen, grundsätzliche Maßnahmen zum Kulturwandel einzuleiten. Ein entscheidender Schritt bei der Realisierung von Corporate Identity sind deshalb die personalpolitischen Maßnahmen. Ihnen kommt die Aufgabe zu, die projizierte und anvisierte Identität transparent zu machen und im Sinne eines Corporate Behavior „Wir-Gefühl" zu erzeugen. Dies ist die schwierigste und umfangreichste Aufgabe überhaupt. Neben rein formalen Aufgaben wie Führungsgrundsätzen, Entwicklung von Mitarbeiter-Einführungsprogrammen, Richtlinien für Mitarbeiter- und Führungsgespräche, Personalentwicklungsmaßnahmen geht es darum, die Denkhaltung erlebbar und nachvollziehbar zu machen. Hierzu bieten sich Maßnahmen der sozialpsychologischen Organisationsentwicklung, Quality Circles und Opinion-Leader-Konzepte an.

Organisationsentwicklung beziehungsweise „organisation development" wird häufig als Führungskräfteentwicklung verstanden.[36] Dieses Verständnis geht darauf zurück, daß lange Zeit die Führungskräfte als das wichtigste Human-Potential des Unternehmens angesehen wurden.[37] In den jeweiligen Management- und Organisationstheorien wurden sie als losgelöst vom Gesamtsystem der Organisation und ihrer Mitglieder betrachtet und galten deshalb als das primäre Hindernis bei Veränderungen.

Neuere Ansätze zur ganzheitlichen Betrachtung von Organisationen[38] belegen hingegen, daß die Führungskräfte Teil des Systems sind und damit nicht isoliert betrachtet werden können. Folglich müssen Organisationsentwicklungsmaßnahmen Führungskräfte und Mitarbeiter gleichermaßen einbeziehen.

Organisationsentwicklung im eigentlichen Sinne bedeutet nicht allein Ausbildung von Führungskräften, sondern Weiterentwicklung des gesamten Systems der Organisation. Das Konzept der Organisationsentwicklung beinhaltet eine Veränderung sowohl der Organisationsstrukturen als auch des Verhaltens der Mitarbeiter und damit eine Modifikation der Unternehmenskultur.

Ausgehend von Kurt Levin, der als der Vater der Organisationsentwicklung angesehen wird, ist ein Wandel im Unternehmen nur dann möglich, wenn überkommene Strukturen aufgebrochen und verändert werden. Die Idee, die der Organisationsentwicklung zugrunde liegt, ist, die menschlichen Beziehungen zu verbessern, die Mitarbeiter zu befähigen, aktiv an der Gestaltung der Organisation teilzuhaben und somit die Grundlagen für die Befriedigung der menschlichen Bedürfnisse nach Sinngebung, Verantwortung und kreativen Freiräumen zu schaffen. Über den Prozeß der Organisationsentwicklung werden interne Mechanismen entwickelt, die es den Unternehmen ermöglichen, sich flexibel Veränderungen anzupassen und die menschliche Komponente stärker als bisher zu berücksichtigen.

Dabei erweist sich die Methode der Metaplan-Technik als hilfreich. Durch spezielle Kommunikations-, Moderations- und Feedback-Methoden werden Konfliktpotentiale herausgefiltert und zu verarbeiten versucht. Dabei spielt die Moderation eine entscheidende Rolle. Die Aufgabe des Moderators besteht darin, „Hilfe zur Selbsthilfe" zu geben und nicht zu steuern. Nach kurzer Zeit verlieren sich hierarchische Strukturen, und es entsteht ein Zusammengehörigkeitsgefühl und allgemeines Engagement.

Dazu werden abteilungs- oder bereichs- und hierarchieübergreifende Gruppen gebildet, die vermeiden, daß sich exklusive und egozentrische Subkulturen bilden, die sich untereinander nicht verstehen. Der Gedanke, der hinter diesem Verfahren steht, ist, daß nur in den seltensten Fällen Kultur und Werte per Dekret von oben her in die Organisation penetriert werden können. Nach dem Prinzip „Betroffene zu Beteiligten machen" wird der Prozeß zwar von oben initiiert, gefördert und gemanagt, aber die wesentlichen Impulse kommen von der Basis.

Eine weitere geeignete Methode für die Identitätsevolution stellt die Einführung von Quality Circles dar. Quality Circles wurden ursprünglich in der Produktion eingeführt, um Qualitätsverbesserungen zu erreichen. Heute wird dieses Prinzip in den verschiedensten Bereichen, so auch beim Außendienst, eingesetzt. Obgleich überwiegend als Methode für Qualitätsverbesserungen und Mitarbeiter-Motivation geplant, sind Quality Circles auch für Kultur-Veränderungs-Maßnahmen geeignet. Sie funktionieren ähnlich wie soziale Gruppen im Rahmen der Metaplan-Technik. Allerdings mit folgenden Unterschieden:

- Die Gruppenmitglieder rekrutieren sich im wesentlichen aus einer Hierarchieebene.
- Die Quality Circles sind zwar an spezifischen Themen orientiert, die allgemeine Gruppenarbeit ist aber eher non-direktiv, das heißt die Themenschwerpunkte innerhalb der speziellen Problemstellung setzen sich diese Gruppen selbst.

Eine wichtige Hilfestellung bei der Umsetzung des Identitäts-Entwicklungs-/Evolutions-Gedankens können *Opinion-Leader* in den Betrieben bieten. In jeder Arbeitsgruppe gibt es bestimmte Persönlichkeiten, die aufgrund bestimmter Charaktermerkmale Beeinflussungs-Kompetenz gegenüber ihren Kollegen/Kolleginnen aufweisen. Diese Personen lassen sich mit Hilfe von psychologischen Verfahren ermitteln [39] und gezielt in die Corporte Identity-Aktivitäten integrieren. Über ihre Opinion-Leader-Funktion innerhalb der Gruppe können sie in kürzerer Zeit mehr bewegen als alle schriftlichen Informationen.

Phase 5: Umsetzung und Erfolgskontrolle

Nachdem die grundsätzliche Vorgehensweise formuliert und aufgezeigt wurde, welches die primären Aktionsfelder sind, muß ein Maßnahmen-Plan mit konkreten Einzelschritten ausgearbeitet werden. Hierbei sind, wie im gesamten Ablauf, bei allen Phasen der Betriebsrat und die Mitarbeiter-Vertreter voll zu integrieren.

Im Maßnahmen-Plan werden die einzelnen Schritte des Prozesses beschrieben, begründet, illustriert und den Mitarbeitern zugänglich gemacht. Hat eine Firma sich für die Einführung von Quality Circles entschieden, sollte den Mitarbeitern dargelegt werden, wie diese funktionieren, welche Konsequenzen sich aus der Mitarbeit ergeben (z. B. Investition von Freizeit) und welche Ziele mit dieser Maßnahme verfolgt werden.

Dasselbe gilt für das Procedere bei der Entwicklung von Gestaltungsrichtlinien, Personalförderungs- und Incentive-Maßnahmen. Ein hilfreiches Instrument bei der Publizierung sind Video-Aufzeichnungen und Filme, weil sie die Botschaft auf zwei Wahrnehmungskanälen – auditiv und visuell – nahebringen.

Umfassende Information und Transparenz der Maßnahmen sind entscheidende Voraussetzungen für das Gelingen. Interne Wettbewerbe und Ausschreibungen können die Mitarbeiter zusätzlich dazu anregen, eigene Ideen, Gedanken und Verbesserungsvorschläge einzubringen.

Bei regelmäßig stattfindenden Betriebsversammlungen und Bereichsgesprächen wird kontinuierlich über den Fortschritt und augenblicklichen Stand der Maßnahmen-Planung sowie -Umsetzung zu berichten sein – denn wie bereits gesagt, informierte Mitarbeiter können sich nicht aus der Verantwortung ziehen.

Bedeutend für den Erfolg ist die Leitbildfähigkeit der Führungskräfte. Nur in den seltensten Fällen kann davon ausgegangen werden, daß diese Fähigkeit natürlich gegeben ist. Deshalb müssen die Führungskräfte ausführlich trainiert werden und das nötige Wissen vermittelt bekommen – und zwar nicht in Form eines einmaligen Seminars, sondern als kontinuierliches Programm mit mehreren Stufen.

Mitarbeiter-Einführungsprogramme in Form von Seminaren sind ein hervorragendes Forum zur Vermittlung der Grundregeln und -gedanken der Corporate Identity. Dabei werden neue Mitarbeiter unmittelbar nach ihrem Eintritt in die Firma über deren Geschäftstätigkeit, die Geschäfts-Prinzipien informiert und erhalten in diesen Seminaren einen guten Einblick in die Kultur der Unternehmung.

Für die bereits länger im Unternehmen tätigen Mitarbeiter sind analog dazu gleichartige Trainings- und Informations-Veranstaltungen durchzuführen. Zusätzlich werden die Grundzüge der Unternehmens-Identität als integraler Bestandteil aller Schulungs- und Weiterbildungsmaßnahmen mitbehandelt.

Bei der Umsetzung des Corporate-Identity-Gedankens sollte man schrittweise ohne überhastete Eile vorgehen. Zwar sollte ein grober Zeitrahmen gesetzt und auch eingehalten werden, doch Sorgfalt ist wichtiger als Pünktlichkeit.

Strukturmaßnahmen sollten möglichst am Anfang durchgeführt werden. Sie sind Aufgabe der Unternehmensleitung, setzen Zeichen, können aber auch Unruhe stiften. Die Mitarbeiter müssen wissen, daß keiner auf der Strecke bleibt, sonst behindern einerseits Ängste, andererseits Intrigen mit dem Ziel der Vorteilssicherung den Erfolg der Struktur-Revision.

Corporate-Identity-Entwicklung ist ein dynamischer Prozeß, der erst durch die Interaktion mit den Organisationsmitgliedern und der Umwelt konkretere Züge annimmt. Veränderung jedweder Art erfordern, daß die Leitvision permanent auf ihren Realitätsbezug hin überprüft und den neuen Bedingungen angepaßt wird. Dazu können die im Teil 3 ausgeführten Instrumente, der Mannheimer CI- und BI-Test (vgl. S. 76 u. 85), sowie die Image-Analyse (vgl. S. 87) herangezogen werden. Zu empfehlen ist außerdem eine punktuelle Überprüfung der Unternehmenskultur im Rahmen einer verkürzten Kultur-Analyse. Der Corporate-Identity-Prozeß müßte die Kultur in einigen Merkmalen verändern und diese in Richtung einer Corporate Culture stärker profilieren.

Ergeben sich aus den erneuten Analysen keine wesentlichen Veränderungen im intendierten Sinne, muß das gesamte Konzept erneut durchdacht und nach Schwachpunkten gesucht werden.

Eine permanente Erfolgskontrolle der eingeleiteten und durchgeführten Maßnahmen ist deshalb unerläßlich.

4.7 Die Aufgaben der externen Berater

Die Arbeit an der eigenen Corporate Identity ist eine originär unternehmensinterne Angelegenheit. Doch ohne externe Unterstützung – dies zeigt die Erfahrung – geht es nicht. Externe Berater sind in mehreren Funktionen und mehreren Phasen des Prozesses von Bedeutung. Zunächst übernehmen sie bei der Vorbereitung und Problem-Definition eine wichtige Rolle, bei der Vermittlung von Corporate-Identity-Wissen und Schaffung von konkretem Problembewußtsein. Dieser Punkt mag zunächst unverständlich wirken, doch die Praxis hat gezeigt, daß Unternehmen, die sich mit Corporate Identity beschäftigen, eher diffuse Vorstellungen von den Problemen der Unternehmung haben. Der externe Berater ist hier eine wichtige Stütze zur Konkretisierung der Problemfelder.

Darüber hinaus sollte die Ist-Analyse vollständig von externen Fachleuten durchgeführt werden. Eine solche Analyse erfordert einen Apparat und eine entsprechend dafür ausgelegte Organisation mit speziellen Fachkräften. Zudem wird eine unternehmenseigene Analyse der Identifikation Akzeptanzprobleme bei den Mitarbeitern auslösen, zum Beispiel weil Zweifel an der Anonymität der Daten aufkommen. Die Kultur-Analyse erfordert gerade den neutralen, nicht den „betriebsblinden" Beobachter und ist damit ebenfalls von externen Experten durchzuführen.

Bei der Diskussion der Ist-Analyse und dem Identitäts-Entwurf sollten ebenfalls externe Berater, die in gruppendynamischen Prozessen erfahren sind, zugegen sein. In dieser Phase beschränkt sich die Beratertätigkeit im wesentlichen auf die Moderation im Sinne einer „Hilfe zur Selbsthilfe" und die Rolle eines „Change-Agents". Nur gelegentlich sollte der Berater in die Diskussion eingreifen und Hinweise für eine Konzeption geben. CI-Berater können keine CI-Strategie entwerfen – wie vielfach angenommen wird. Eine ganze Reihe von CI-Aktivitäten sind an diesem Mißverständnis gescheitert. Corporate Identity kann nicht von außen vorformuliert und dem Unternehmen aufgezwungen werden. Erstens sind externe Fachleute kaum dazu in der Lage, die Organisation und ihre Kultur bis ins letzte Detail zu erfassen, und zweitens lösen aufgezwungene Konzepte bei den Mitarbeitern Reaktanz-Effekte und das Not-invented-here-Syndrom aus, die eine Realisierung verhindern.

Bei der Erarbeitung des Umsetzungs-Konzeptes sollten nur fallweise Spezialisten, zum Beispiel Organisations-Psychologen, hinzugezogen werden. Diese Berater können einen wissenschaftlichen Input geben oder nach dem

Prinzip „best practice" ähnliche Fälle und deren Lösungen aufzeigen und somit zum besseren Verständnis beitragen. Erarbeitet werden muß das Realisierungs-Konzept individuell und unternehmensintern. Hingegen erfolgt die konkrete Umsetzung wieder mit Hilfe von externen Fachleuten (z. B. Werbeagenturen, Management-Trainern).

Die Erfolgskontrolle wird ebenso wie die Ist-Analyse von externen Institutionen durchzuführen sein.

Externe Berater und Fachleute sind für alle Stufen wichtig, es empfiehlt sich allerdings nicht, nur mit einem Berater zusammenzuarbeiten, sondern je nach Aufgabenstellung entsprechende Spezialisten heranzuziehen. Idealerweise sollte ein Berater-Team gebildet werden, bestehend aus Fachleuten unterschiedlicher Richtungen, wobei die Problemdefinition, Ist-Analyse, Moderation und Erfolgskontrolle möglichst in einer Hand liegen sollten. Geführt wird dieses Berater-Team durch entsprechende CI-Stabsabteilung.

4.8 Culture Merging

Bei Fusionen, Firmenzusammenschlüssen oder Firmenkäufen taucht häufig das Problem auf, daß unterschiedliche Kulturen aufeinandertreffen. Im Sinne einer CI ist es sicherlich nicht wünschenswert, diesen Zustand zu belassen. Dennoch – eine Radikalkur ist in den seltensten Fällen angebracht und durchführbar. Viel wirksamer ist eine sukzessive Angleichung über personalpolitische Maßnahmen, z. B. Job-Rotation, oder unternehmensüberprüfende Aktivitäten, z. B. Seminare, Kongresse. Diese Aktivitäten fördern die interkulturelle Kommunikation, die letztendlich Basis für gegenseitiges Verstehen und Akzeptieren ist. Ganz allmählich kann daraus ein gemeinsames kulturelles Wertesystem entstehen.

Begleitend dazu sollten aber auch vereinzelt – wenige – härtere Maßnahmen durchgesetzt werden, die eine Signalwirkung erzeugen. Es gibt in jeder Firma „ewig gestrige" Mitarbeiter, die sich gegen notwendige Veränderungen sperren und deshalb den Prozeß behindern. Diese Mitarbeiter sollten durch gezielte Maßnahmen aus ihren vertrauten Bezügen herausgelöst werden. Die daraus entstehende Unsicherheit aktiviert die Suche nach neuen Orientierungen. Wichtig ist, daß man diese Mitarbeiter bei ihrer Neuorientierung nicht alleine läßt, sondern den Prozeß unterstützt. Mitarbeiter, die sich den Veränderungen widersetzen, sollten mit Konse-

quenzen resultierend aus diesem Verhalten konfrontiert werden. Trotzdem – Restbestände einer „alten" Kultur können durchaus akzeptabel
oder als Kulturmerkmal der „neuen" Firma attraktiv sein. So ist der unterschiedliche Ausspruch der Mitarbeiter von Mercedes Benz „wir schaffen
beim Daimler" in Stuttgart und „wir schaffen bei Benz" in Mannheim ein
Teil der Firmen-Historie und Identität. Gleiches findet sich häufig auch
bei anderen Unternehmen, die fusionieren, diversifiziert oder akquiriert
haben. Diese Abgrenzungen werden häufig als Anekdote erzählt und
müssen für den inneren Zusammenhalt nicht hinderlich sein. Dennoch
sollten solche Aussagen sehr wohl beobachtet werden, ob sich dahinter
ein historisches Merkmal oder eine Separatismusbewegung verbirgt.

Schlußbetrachtung

Corporate Identity wurde bislang fast ausnahmslos im Bereich der Betriebswirtschaftslehre und hier insbesondere im Marketing diskutiert. Die verfolgten Ziele waren eher quantitativer Art, nämlich Ausschöpfung von Rationalisierungspotentialen und höherem Bekanntheitsgrad am Markt. Der gedankliche Ansatz von Corporate Identity geht jedoch weit über diese Aspekte hinaus.

Corporate Identity hat aber eine sozialpsychologische Dimension insofern, als einzelne Verhaltensweisen nicht losgelöst vom Gesamtkontext sozialer Interaktionen innerhalb und außerhalb der Unternehmung betrachtet werden können. Corporate Identity haben bedeutet Kongruenz in den verschiedenen Facetten des Verhaltens, der Leistung, der verbalen und visuellen Kommunikation und Wahrnehmung derselben als eine Gesamtheit. Erst in der Kombination und Synthese der Merkmale entsteht ein Bild, das Erkennen und Sympathie oder Antipathie erzeugt (Abbildung 19).

Corporate Identity hat ein Unternehmen folglich erst dann, wenn die Vielzahl von Aktivitäten und Haltungen einer Firma in einem sinnvollen Zu-

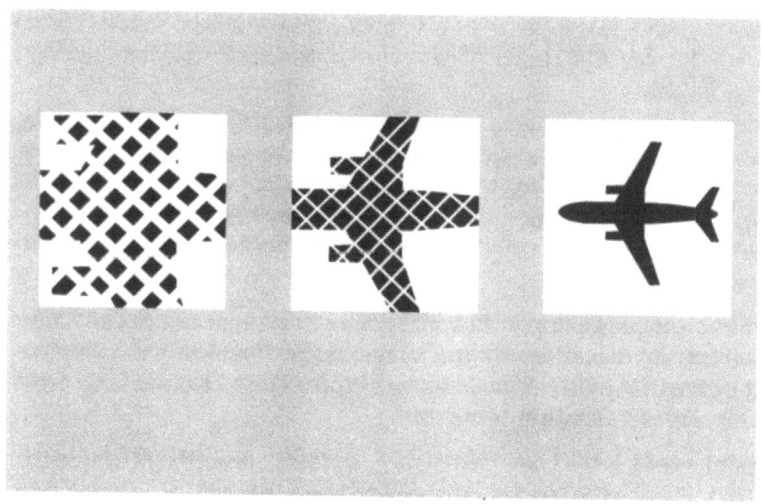

Abbildung 19: Das Ganze ist mehr als die Summe seiner Teile

sammenhang stehen, sich gegenseitig ergänzen und als geschlossenes Ganzes, als „Gestalt", wahrgenommen werden.

Damit wird deutlich: Der Ausgangspunkt für Corporate Identity sind die internen Bedingungen und die mentale Fähigkeit der Unternehmung, mit der Umwelt zu interagieren. Der zentrale Punkt hierfür ist die Unternehmenskultur und ihre Manifestation im Sinne einer Corporate Culture. Diese Betrachtung ist insofern für die Managementmethoden von einiger Bedeutung, als eine Abkehr von rein funktionalen Strukturen und Hinwendung zu integriertem, vernetztem Denken erforderlich ist.

Die Image-Diskussionen seit Beginn der 60er Jahre haben bereits gezeigt, daß menschliches Denken und Handeln nicht nach sachlogischen Gesichtspunkten funktioniert. Folglich können marktwirtschaftliche und innerbetriebliche Problemstellungen nicht losgelöst von psychologischen und sozialpsychologischen Aspekten behandelt werden.

Wie könnte es sonst passieren, daß noch so gut durchdachte Produkt- und Markt-Strategien nicht zum Erfolg führen, Mitarbeiter einer übernommenen Firma sich gegen die Eingliederung trotz positiver Anreize wehren oder die neue strategische Ausrichtung, Kunden- statt Produkt-Orientierung, von der Organisation nicht mitgetragen wird?

Entscheidend für die Akzeptanz oder Ablehnung eines Unternehmens sind nicht einzelne Fakten, es ist die emotionale Wirkung einer Vielzahl von unterschiedlichen Eindrücken, die zu einem ganzheitlichen Bild zusammengefügt werden.

Eine CI-Konzeption baut auf dieser Erkenntnis auf. Sie berücksichtigt die materiellen Grundlagen der Unternehmensleistung, die immateriellen Werte der Kultur, die Bedürfnisse der Mitarbeiter und die gesellschaftlichen Rahmenbedingungen. Im Verlauf der CI-Arbeit definiert sich die Unternehmung selbst und publiziert dieses Selbstverständnis ohne wenn und aber.

Ziel ist nicht und kann es nicht sein, bei allen Zielgruppen einen gleichartig positiven Eindruck zu erwecken. Ziel muß es allerdings sein, sich selbst treu zu bleiben, im Außen- wie im Innenverhältnis. Nur so kann auf lange Sicht Akzeptanz und Goodwill entstehen.

Eine Firma ist keine „one-man-Show", sondern ein soziales Gebilde mit vielen Individuen. Sie tragen entscheidend zum wirtschaftlichen Erfolg und Ansehen der Firma bei. Bei der CI-Arbeit nehmen deshalb die Mitarbeiter, ihre Bedürfnisse und Erwartungen eine besonders prominente Position ein.

Die Leistungsbereitschaft und der Einsatzwille sind nicht allein eine Frage von Einkommen und Sozialleistungen, wie bereits in den 30er Jahren durch die Hawthorne-Studien nachgewiesen werden konnte. Sie ist eine Frage der Identifikation und Solidarisierung mit dem Unternehmen und seinen Zielen.

Motivation und Einsatzfreude können nur entstehen, wenn die Mitarbeiter Aufmerksamkeit und Wertschätzung erfahren, indem man mit ihnen redet, sie über den Sinn ihres Tuns informiert und nach ihrer Meinung fragt. Je genauer die Mitarbeiter über das Unternehmen informiert sind, je verständlicher die Unternehmens-Ziele formuliert wurden, um so größer ist die Wahrscheinlichkeit, daß sie sich mit „ihrer Firma" identifizieren.

Mitarbeiter müssen den Eindruck haben, daß sie ernst genommen werden und ihre Leistungen nicht als selbstverständliche, weil bezahlte Pflicht abgefordert wird.

Gezielte CI-Arbeit kann dies vermitteln. Sie verdeutlicht die Zusammenhänge und beugt so egoistischen Tendenzen einzelner und Doppelarbeiten vor. Dadurch wird letztendlich auch die Effizienz der Arbeitsleistung erheblich gesteigert.

Extern erleichtert die Übereinstimmung zwischen Haltungen, Handlungen und Verlautbarungen den Wahrnehmungsprozeß. Es entstehen deutliche, widerspruchsfreie Konturen, die eine Zuordnung erleichtern. Die Zuverlässigkeit der Leistungen, Kontinuität im Verhalten der Mitarbeiter und Führungskräfte, Konsequenz der Information und Kommunikation bilden die Grundvoraussetzungen für Sympathie, Vertrauen. Sie sind die Basis für Solidarisierung, Loyalität und damit Dreh- und Angelpunkt für den Unternehmenserfolg.

Unternehmen, die sich für die Entwicklung einer eigenständigen CI entscheiden, sollten sich darüber bewußt sein, daß dies keine kosmetische Facelifting-Maßnahme ist, um einem Unternehmen nach ästhetischen Vorstellungen ein neues Erscheinungsbild, zum Beispiel im Sinne von jung, dynamisch, kreativ, zu geben. Corporate Identity ist eine unternehmenspolitische Maßnahme mit teilweise unvorhersehbaren Konsequenzen (vgl. Grundsätze zu CI, S. 139).

Die Risiken, die auftreten können, lassen sich jedoch mit Hilfe einer genauen, objektiven Betrachtung sowie einer präzise an den Chancen und Möglichkeiten ausgerichteten Planung minimieren.

Am Anfang von CI steht die Wissensvermittlung, Bewußtmachung und Sensibilisierung für Identitätsentwicklung (vgl. Arbeitsschritte bei CI, S. 141). Im Anschluß daran ist eine breit angelegte IST-Analyse durchzuführen. Sie zeigt auf, welchen Weg die Unternehmung, ausgehend von der IST-Identität, einschlagen kann und sinnvollerweise einschlagen sollte. Die Unternehmensphilosophie bildet im Sinne einer SOLL-Identität den roten Faden für den Evolutions-Prozeß. Logisch aufeinander abgestimmte Maßnahmen und Instrumente, die inhaltlich gleichsam modular aufgebaut sind, forcieren den Prozeß.

CI-Entwicklung ist eine lebendige Entwicklung, die sich nicht in ein starres Konzept pressen läßt. Es kann eine gewisse Eigendynamik entstehen, die nicht immer die gewünschte Richtung nimmt. Um der Gefahr eines Auseinanderdriftens zu begegnen, müssen die erzeugten Wirkungen permanent überprüft, mit der SOLL-Konzeption und den Rahmenbedingungen abgeglichen werden. Das Ausmaß der Identität und die Wahrnehmung wird von der Umwelt durch Aspekte wie Homogenität der Leistungen und des Angebotes, Kontinuität des Verhaltens, Eindeutigkeit und Verständlichkeit der formalen Äußerungen, praktizierte Handlungen und Stil des Unternehmens bestimmt.

CI ist kein Ersatz für gute Produkte und Dienstleistungen. CI ist aber eine Dienstleistung für Mitarbeiter, Kunden, Lieferanten, Gesellschaft, Kapitalgeber. Sie ist eine Orientierungshilfe für die Entwicklung einer unternehmensspezifischen Einstellung, Imageprofilierung und Plattform für Akzeptanz, Attraktivität, Solidarisierung. CI trägt damit zu einem erheblichen Teil zum Unternehmenserfolg bei.

Verwirrung entsteht häufig auch durch den Gebrauch des Begriffs – einmal als Ergebnis, zum anderen als konzeptioneller Gedanke. Zwischen beiden Aspekten sollte strikt getrennt werden.

Am Anfang des Corporate-Identity-Prozesses steht zunächst ein Konzept in Form einer Willenserklärung und Soll-Konzeption für den Evolutionsprozeß der Unternehmensidentität. Dieses Konzept baut auf den real gegebenen Grundlagen der Kultur, der Kompetenz (Image und tatsächliche Fähigkeiten) und den Markenpersönlichkeiten auf. Zur Realisierung der Soll-Konzeption werden verschiedene Instrumente und Medien eingesetzt (CI-Mix), die eine Veränderung in die gewünschte Richtung forcieren. Die Maßnahmen führen schließlich zu einer emotionalen, kognitiven Wirkung – Identifikation mit dem Unternehmen – und einer Verhaltenswirkung – Corporate Behavior und Loyalität.

Corporate Identity als Ergebnis ist der ganzheitliche Eindruck als geschlossene Einheit und eine Übereinstimmung zwischen Fremdbild und Selbstbild im Sinne eines Corporate Image. Diese Wahrnehmung ist die Grundlage für das wirtschaftliche Ergebnis der Unternehmung (Abbildung 20).

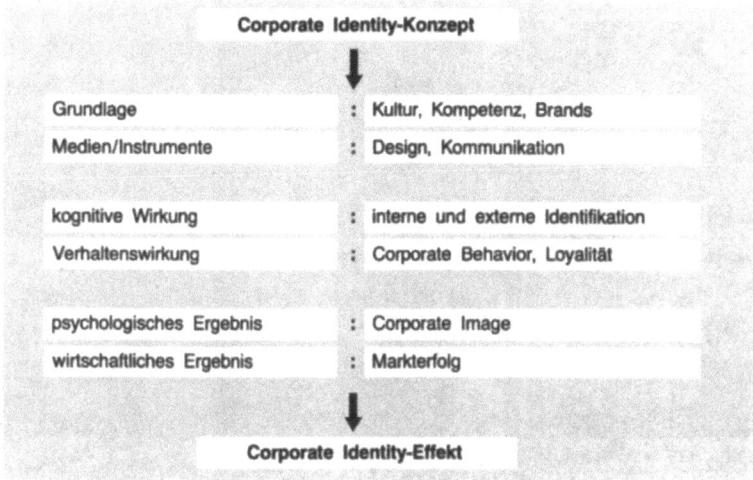

Abbildung 20: Corporate-Identity-Konzept – Corporate-Identity-Effekt

CI ist also der Oberbegriff für alle Erscheinungsformen und Aktivitäten im Zusammenhang mit Unternehmensidentität. Die Begriffe Corporate Culture, Corporate Communication, Corporate Design, Corporate Behavior stellen Unterbegriffe dar, die einzelne Aktivitäten, Wirkungen, Ergebnisse von Corporate Identity beschreiben.

Anhang

Grundsätze zu Corporate Identity

(Es wird kein Anspruch auf Vollständigkeit erhoben)

1. Machen Sie nichts, wohinter Sie nicht stehen können. Nichts-Tun ist weniger schädlich als Lippenbekenntnisse, die falsche Erwartungen und Handlungsweisen provozieren.
2. Mit halbherzigen Entscheidungen und ungenügendem Engagement ist Corporate Identity nicht zu realisieren. Daran sind bisher so viele CI-Aktivitäten gescheitert.
3. Corporate Identity ist kein Eintagsgeschäft, sondern eine langfristige Denkhaltung, die im Unternehmen verankert und kontinuierlich fortgesetzt werden muß.
4. Corporate Identity ist kein Ersatz für gute Produkte und Leistungen. CI ist allerdings eine Vermarktungsplattform für die Produkte und Dienstleistungen und trägt entscheidend zum Unternehmenserfolg bei.
5. Corporate Identity kann kein Unternehmen retten und ist deshalb auch nicht Krisen-Management; allerdings werden Firmen ohne eine wahrnehmbare eigenständige, im wirtschaftlichen und sozialen Kontext akzeptierbare Identität langfristig nicht überlebensfähig sein.
6. Corporate Identity ist von Menschen für Menschen; deshalb läßt sich CI nicht am grünen Tisch entscheiden und nicht durch PR, Design und Werbung realisieren.
7. Menschen haben ein Bedürfnis, ihr Unternehmen fassen und begreifen zu können. Die entwickelte Identität hilft dabei und ermöglicht den Mitarbeitern, sich als Teil des Ganzen zu begreifen und entsprechend zu verhalten.
8. Die externe Wirkung ist meist die einzig beabsichtigte. Corporate Identity betrifft allerdings den Mitarbeiter viel unmittelbarer, denn die interne Identifikation mit dem Unternehmen, seinen Zielen und Leistungen, wirkt sich nicht nur auf die Arbeitsmoral und -leistung, sondern ebenso auf die Umgebung positiv aus.
9. Unternehmenskultur und Markenpersönlichkeiten sind das Fundament der Corporate Identity. Die Philosophie ist der Plan, der Hinweise darauf gibt, wie das Haus am Ende auszusehen hat. Fehlt ein solcher Plan, wird alles Stückwerk bleiben oder zusammenbrechen.

10. Corporate Identity ist Chefsache. Die Verantwortung dafür kann nicht delegiert werden. Delegiert werden kann lediglich das Management des Evolutions-Prozesses.

11. Jedes Unternehmen hat eine Identität. Die Frage ist allein, ob diese Identität wahrnehmbar und im sozialen und gesellschaftlichen Kontext akzeptiert ist.

Check-Listen

1. 25 Gründe, sich mit Corporate Identity zu beschäftigen

- Wenn die hierarchische Kompetenz wichtiger ist als die Fachkompetenz;
- wenn es viele Subkulturen und Bereichsegoismen gibt;
- wenn andere Bereiche/Abteilungen als Kontrahenten gesehen werden;
- wenn Intrigen und gegenseitiges Mißtrauen überhand nehmen;
- wenn die Kommunikation gestört ist;
- wenn Information als knappes Gut behandelt wird;
- wenn ein großer Teil der Arbeitszeit dafür verwandt wird, Konflikt-Vermeidungs-Strategien zu entwickeln;
- wenn offensichtlich vorhandene Probleme nicht ausdiskutiert, sondern verniedlicht oder unter den Tisch gekehrt werden;
- wenn zu viele Regeln und schriftliche Verordnungen/Anweisungen existieren;
- wenn Entscheidungen zu lange dauern und die Entscheidungswege unverständlich sind;
- wenn sich das Top-Management selbst unbedeutende Entscheidungen vorbehält oder abzeichnen möchte;
- wenn die Motivation, Einsatzbereitschaft und Identifikation der Mitarbeiter nicht mehr stimmen;
- bei hohem Krankenstand und hoher Fluktuation der Mitarbeiter;
- wenn die Dynamik verlorengegangen und kaum noch Risikobereitschaft vorhanden ist;
- wenn nur noch wenige innovative und kreative Leistungen vollbracht werden;
- wenn am Markt vorbeiproduziert wird;
- bei hoher Kundenfluktuation;
- bei unklarem Imageprofil der Unternehmung;
- wenn das Image nicht mit dem Selbstverständis übereinstimmt;

- wenn die Produkte vom Verbraucher als austauschbar erlebt werden;
- wenn das Unternehmen öffentlich kritisiert wird;
- wenn das Umfeld sich verändert hat;
- bei Unternehmenswachstum, Diversifikation und Internationalisierung der Geschäftstätigkeit;
- bei Änderung der strategischen Zielsetzung;
- wenn keine Philosophie und Grundsätze existieren oder diese nicht bekannt sind.

2. Was man bei Corporate Identity beachten sollte

- Corporate Identity verständlich machen und verstehen lernen.
- Die Aufgabe am Vorstand oder der Geschäftsleitung aufhängen.
- Die Mitarbeiter und den Betriebsrat ausführlich informieren und in den Prozeß integrieren.
- Zeichen setzen und Symbole etablieren.
- Keine Radikalkuren – sie bringen nur selten das gewünschte Ergebnis.
- Unterstützung durch externe Profis im Sinne von „Change Agents".
- Ziele und Arbeitsschritte festlegen und publizieren.
- In der Organisation durch Etablierung eines CI-Managers institutionalisieren.
- Mitarbeiter zu Betroffenen machen durch intensive Projekt-/Team-Arbeit.
- Ein kontinuierliches CI-Controlling aufbauen.

3. Arbeitsschritte bei Corporate Identity

- Problembewußtsein schaffen
- Wissensaufbau im Top-Management
- Erarbeitung eines Grob-Konzeptes mit
  a) Philosophie
  b) Zielsetzung
  c) Leitfaden für die Umsetzung
- Ausführliche, verständliche Information für die Mitarbeiter ausarbeiten und Betriebsrat integrieren
- CI-Manager ernennen, der für die Koordination der internen Stellen und externen Berater sowie für die Erstellung von Arbeits- und Zeitplänen zuständig ist

- IST-Analyse durchführen zu:
  - Geschäftsfelder, Fähigkeiten, Ressourcen
  - Mitarbeiter-Identifikation
  - Unternehmenskultur
  - Marken-Identität
  - Image-Analyse
- Stärken-/Schwächen-Profil erarbeiten
- Publikation und Diskussion der Ergebnisse
- Erste Projekt-Organisation zur Erarbeitung der Grundlagen für eine Unternehmensphilosophie
- Definition der Unternehmensphilosophie und der Soll-Identität durch das Top-Management
- Umsetzung der Philosophie in visuelle Impulse
- Zweite Projekt-Organisation zur Erarbeitung bereichsspezifischer Grundsätze und Maßnahmen zur Erreichung der Soll-Ziele (Basis ist ein detaillierter Arbeits- und Zeitplan)
- Umsetzung der Ergebnisse in der Linie und nur noch zeitweilig Projekt-Arbeit bei aktuellen Problemfeldern
- Task-Force-Organisation aus den Projekt-Mitarbeitern aufbauen
- Kontinuierliche Erfolgs- und Fortschrittskontrolle einführen
- In allen Bereichen des Unternehmens etablieren und durch gezielten Einsatz des CI-Mixes nach innen und außen kommunizieren

Abbildungsverzeichnis

Anmerkungen

1 Horst I. Wendt: Was ist ein Image? Ein Beitrag zur Definition des Image-Begriffs. Unveröffentlichtes Manuskript 1987
2 In einem Blindversuch werden dem Verbraucher verschiedene Produkte derselben Produktgruppe in anonymisierter Form zur Bewertung vorgelegt.
3 Dr. Gert Gutjahr: Taschenbuch der Marktpsychologie, 1983, S. 80 ff.
4 Hans Raffée: Der Wertewandel als Herausforderung für Marketing-Forschung und Marketingpraxis. In: Markenartikel V/1988
5 Keiner sagt, was er denkt, oder man sagt etwas anderes, als man denkt.
6 Gutjahr/Keller, in: Birkigt/Stadler, S. 79
7 Z.B. Dresdner Bank und BMW
8 Gutjahr/Keller in Birkigt/Stadler, S. 79
9 Heinen, S. 986
10 Bodo Rieger: Die Marke machts, wer sonst. FAZ „Der Markenartikel", 14.06.88
11 Die emotionale Ingenieurmarke. In: ASW 11/88
12 H. Bischoff (Deutsche Lufthansa) zitiert nach W. Sarasin: Produkt-Design, Produkt-Identität, Corporate Identity in K. Birkigt/M.M. Stadler: Corporate Identity, Grundlagen, Funktionen, Fallbeispiele 1985, S. 171
13 Klaus-Peter Wiedmann: Corporate Identity als Unternehmensstrategie. WiSt, Heft 5, 1988
14 A. D. Demuth, D. F. Garbeth, G. Richter: Unternehmenswerbung, Corporate Advertising, das was – das warum – das wie, 1984, S. 6
15 Hans-Christian Röglin: Wer Akzeptanz will, darf sie nicht wollen. In: WuV Nr. 12, 1985
16 Gutjahr/Keller S. 79
17 W. Reinhardt: Die Identität von Organisationen, 1983
18 Peter C. G. Lux: Zur Durchführung von Corporate-Identity-Programmen. In: Birkigt/Stadler, S. 485 ff
19 Michael Bilger: Corporate Identity, 1981, S. 13
20 Vgl. W. Trux, Unternehmensidentität, Unternehmenspolitik und öffentliche Meinung. In: Birkigt/Stadler, S. 66 ff
21 Guido Sandler: Corporate Identity in Partnerschaftsbeziehung zu den Absatzmittlern. In Birkigt/Stadler, S. 138
22 vgl. I. Keller: Corporate Identity – Elemente und Wirkung. Eine empirische Untersuchung zur Erfassung der internen Wirkung von Corporate Identity. Dissertation, 1987
23 Die Zeit von 13 s auf einer 100-Meter-Sprintstrecke ist für einen Spitzenathleten miserabel, für einen Senior dagegen hervorragend.
24 Aufgrund der nachweislichen Anonymität der Testergebnisse wurden bei bisherigen Einsätzen keine betriebspolitischen oder juristischen Bedenken laut.
25 was auf den Markt kommt, bestimmen die Entwickler, nicht das Marketing
26 vgl. I. Ansoff: Methoden zur Verwirklichung strategischer Änderungen in der Unternehmung. In: Schriften zur Unternehmensführung. Strategisches Management 1 29, 1980, S. 74

27 H. Jakob: Aufgaben der strategischen Planung – Möglichkeiten und Grenzen. In: Schriften zur Unternehmensführung. Strategisches Management 1, 1982, S. 42

28 Hans H. Hinterhuber: Strategische Unternehmensführung 1983, S. 20

29 Günter Müller: Trends im strategischen Management, Harvard Manager 1984/II, S. 108

30 Heribert Meffert: Marketing, 3. Aufl. 1978, S. 35

31 Hermann Simon und Karl-Heinz Sebastian: Marketing. Strategie gefragt. In: Wirtschaftswoche Nr. 4 vom 25. Oktober 1985, S. 70

32 H. Simon und K.-H. Sebastian

33 Ralf Kreuzer, Stefan Jugel, Klaus-Peter Wiedmann: Unternehmensphilosophie und Corporate Identity. Arbeitspapier Nr. 40, Institut für Marketing Universität Mannheim, 1986

34 BJU: Unternehmensgrundsätze 1985

35 Aus: Amerikas Wirtschaft entdeckt den Mitarbeiter. In: Die Zeit, 14/84

36 vgl. Zander, Reinecke: Führungsentwicklung. Organisation development in der Praxis, 1981

37 vgl. D. Hahn: Integrierte Organisations- und Führungskräfte-Planung im Rahmen der strategischen Unternehmensplanung. In: Schriften zur Unternehmensführung. Strategisches Management 1

38 vgl. Gilbert J. B. Probst: Selbstorganisation, 1987

39 Fragebogen zur Ermittlung der Persönlichkeits-Stärke vom Institut für Demoskopie Allensbach

Literatur

Ansoff, I.: Methoden zur Verwirklichung strategischer Änderungen in der Unternehmung. In: Schriften zur Unternehmensführung. Strategisches Management 1, 1980, S. 69 bis 88.

ASW-Report: Welcher Führungsstil paßt zum Marketing von heute? ASW 01/88.

Bilger, M.: Corporate Identity, BDW 1981; Wirkungen einer CI-Kampagne. In: Marketing Journal 05/81.

Birkigt, K.: Von der CI zum Corporate Design; ein Projekt mit 10 Arbeitsschritten. In: Marketing Journal 02/82.

Birkigt, K./Stadler, M.: Corporate Identity. Grundlagen, Funktionen, Fallbeispiele, 1985.

BJU: Unternehmensgrundsätze, 1985.

Bourgeois, L. J./Jemison, D. B.: Die Analyse der Unternehmens-Kultur. Kulturelemente und ihre strategische Bedeutung. Aus: gdi impuls 01/84.

Deal, T. E./Kennedy, A.: Corporate Culture. The Rites and Rituals of Corporate Life, 1984.

Deal, T. E./Kennedy, A.: Unternehmenserfolg durch Unternehmenskultur, 1987.

Demuth, A./Garbett, T. F./Richter, G.: Unternehmenswerbung. Corporate Advertising. Das Was – Das Warum – Das Wie, Fach + Wissen, Spiegel Verlag 1984.

Domizlaff, H.: Die Gewinnung des öffentlichen Vertrauens, 1982.

Ebers, M.: Organisationskultur: Ein neues Forschungsprogramm für die Organisationsforschung? Diss. 1985.

Erikson, E. H.: Identität und Lebenszyklus, 1973.

Gebert, D./Rosenstiel, L. V.: Organisationspsychologie, 1981.

Goerke, W.: Organisationsentwicklung als ganzheitliche Innovationsstrategie, 1982.

Gutjahr, G./Keller, I. G.: Corporate Identity: Meinung und Wirkung. Birkigt/Stadler: Corporate Identity. Grundlagen, Funktionen, Fallbeispiele, 1985.

– Corporate Identity aus der Sicht der Marktforschung, unveröfftl. Vortragsmanuskript 1981;

– Leitbilder in einer leitbildlosen Zeit, unveröffentl. Vortragsmanuskript 1983;

– Taschenbuch der Marktpsychologie, 1983

Hafner, K./Meffert, H.: Unternehmenskultur praxistauglich. ASW, Sondernummer Okt.88.

Handy, C. B.: Understanding Organization, 1976.

Heinen, E.: Entscheidungsorientierte Betriebswirtschaftslehre und Unternehmenskultur. ZfB, Zeitschrift für Betriebswirtschaft 55. Jg. (1985) A.10, S. 980 bis 991.

Hillmann, K.-H.: Wertewandel. Zur Frage soziokultureller Voraussetzungen alternativer Lebensformen 1986.

Hinterhuber, H.: Wettbewerbsstrategie 1982; Strategische Unternehmensführung, 1984.

Johannsen, Uwe: Das Marken- und Firmen-Image. Diss. 1968

Keller, I. G.: Braucht Ihr Unternehmen CI? Planung und Analyse 09/84.

– Corporate Identity – Elemente und Wirkung. Eine empirische Untersuchung zur Erfassung der internen Wirkung von Corporate Identity. Dissertation 1987.

Kieser, A.: Innovationsmanagement (IV) Unternehmenskultur und Innovation. Blick durch die Wirtschaft, 30.05.1985.

Kirsch, W./Esser, Gabele: Das Mangement des geplanten Wandels von Organisationen, 1979.

Klages, H.: Wertorientierungen im Wandel, 1984.

Kneipp, K.: Management by Corporate Identity. Identitätsorientierte Unternehmensführung. BDW Herbst-Arbeitstage 1979;

– Identitätsorientierte Unternehmensführung. Handbuch der Unternehmensführung Bd. 2, 1979;

– CI als Managementaufgabe. ASW 05/79.

Krappmann, L.: Soziologische Dimensionen der Identität. Strukturelle Bedingungen für die Teilnahme an Interaktionsprozessen, 1982.

Kromen, E.: Qualitätskreise – eine Antwort auf Organisationsverdrossenheit, 1982.

Landgrebe, K. P.: Imagewerbung und Firmenstil, 1980.

Lapidoth, J.: The SAS-Success-Story. Unveröffentl. Vortrags-Manuskript Juni 1988.

Lux, P. G. C.: Ist Corporate Identity käuflich? Referat vom 26.09.85, Zürich.

– Zur Durchführung von Corporate-Identity-Programmen. Birkigt/Stadler: Corporate Identity. Grundlagen, Funktionen, Fallbeispiele, 1985.

MAC (Management Analysis Center): Matching Corporate Culture and Business Strategy.

Martin, J./Siehl, C.: Organizational Cultures and Counterculture: An Uneasy Symbiosis. Organizational Dynamics, Autumn 1983.

McGinnis, M. A./Ackelsberg, M. R.: Effective Innovation Management: Missing Link in Strategic Planning? Journal of Business Strategy.

Meffert, H.: Marketing. Einführung in die Absatzpolitik, 1978.

Ouchi, W.: Theory Z. How American Business can meet the Japanese Challenge, 1981.

Peters, T./Waterman, R.: In Search of Excellence. American Best Run Companies, 1982.

Probst, Gilbert J.B.: Selbstorganisation Ordnungsprozesse in sozialen Systemen aus ganzheitlicher Sicht, 1987.

Projektgruppe „Corporate Identity" des BDW Deutscher Kommunikationsverband e. V. 101 nützliche Erkenntnisse aus der Praxis. Birkigt/Stadler, 1985.

Pümpin, C.: Erfolg durch Unternehmenskultur. Klassische Instrumente alleine genügen nicht mehr. Innovatio 09/10, 87.

– Management strategischer Erfolgspositionen. Das SEP-Konzept als Grundlage wirkungsvoller Unternehmensführung, 1983.

Raffée, H.: Der Wertewandel als Herausforderung für Marketing-Forschung und Marketingpraxis. Markenartikel 05/1988.

Raffée, H./Wiedmann, K.-P./Jugel, S.: Corporate Identity. Wir-Gefühl im Büro. Wiwo 47/98.

Raffée, H./Wiedemann, K.-P.: Glaubwürdigkeits-Offensive. ASW 12/83.

Reck, S.: Identität, Rationalität und Verantwortung. Grundbegriffe und Grundzüge der soziologischen Identitätstheorie, 1981.

Reinhard, W.: Die Identität von Organisationen, Diss. 1983.

Rieger, B.: Die Marke macht's, wer sonst. FAZ 14.06.88. Sonderbeilage: Der Markenartikel

Rüttinger, R.: Unternehmenskultur. Erfolg durch Vision und Wandel.

Sackmann, S.: Organisationskultur: Die unsichtbare Einflußgröße. Zeitschrift für angewandte Sozialwissenschaft Nr. 4 1983.

Sandler, G.: Corporate Identity in der Partnerschaftsbeziehung zu den Absatzmittlern. Birkigt/Stadler: Corporate Identity. Grundlagen, Funktionen, Fallbeispiele, 1985.

Sathe, V.: Implications of Corporate Culture: A Managers Guide to Action. Organizational Dynamics, Vol. 12, No. 2, 5 bis 23.

Simon, H./Sebastian, K.-H.: Marketing: Strategie gefragt. WiWo Nr. 4 1985.

Spiegel, B.: Die Struktur der Meinungsverteilung im sozialen Feld. Das psychologische Marktmodell, 1961.

Stock-Rother, G.: Corporate Identity im ökonomischen Prozeß. AWS 2/87.

Sarasin, W.: Produkt Design, Produkt Identität, Corporate Identity. Birkigt/Stadler. Corporate Identity. Grundlagen, Funktionen, Fallbeispiele, 1985.

Trux, W.: Unternehmensidentität, Unternehmenspolitik und öffentliche Meinung. Birkigt/Stadler: Corporate Identity. Grundlagen, Funktionen, Fallbeispiele, 1985.

Watzlawick, P.: Auf dem Wege in die neue Kommunikationsgesellschaft: Die Wirklichkeit als Resultat der Kommunikation. Vortrag anläßlich des 3. Kommunikationstages 1985.

Weidemann, K.: Corporate Identity in der Identitätskrise. CI-Werkers Ginseng-Wurzel. W + V 33, 1984.

Weizsäcker, R. v.: Zukunft braucht Herkunft. Innovatio 09/10 87.

Wendt, H. J.: Das ist ein Image? Ein Beitrag zur Definition des Image-Begriffs. Unveröffentlichtes Manuskript, Mai 1987.

Wiedmann, K.-P.: Corporate Identity als Unternehmensstrategie. WiSt 05/88.

Wilkins, A. L./Ouchi, W. G.: Efficient Cultures: Exploring Relationship between Culture and Organization Performance. Administrative Science Quarterly, Sept. 1983.

Zander/Reinecke: Führungsentwicklung. Organisation Development in der Praxis, 1981.

Ohne Verfasser:

Corporate Identity. BDW Herbst-Arbeitstage 1979.

The Corporate Culture Vultures. Fortune Okt. 17, 1983.

Stürmische Zeiten für Marken und Unternehmen: Identität gewinnen durch Kommunikation. Kongreß-Dokumentation, München 1983 BDW.

Corporate Communications in der Praxis. BDW-Veranstaltung 19.04.1980 Hannover-Messe.

Amerikas Wirtschaft entdeckt den Mitarbeiter. Die Zeit 14/84.

Stichwortverzeichnis

GABLER-Fachliteratur zum Thema Marketing (Auswahl)

Gertrud Achterholt
Corporate Identity
In zehn Arbeitsschritten die eigene Identität finden und umsetzen
2. Auflage 1991, 214 Seiten,
89,— DM

Ludwig Berekoven /
Werner Eckert / Peter Ellenrieder
Marktforschung
Methodische Grundlagen und
praktische Anwendung
5., durchgesehene Auflage 1991,
407 Seiten, 79,— DM

Ralph Berndt / Arnold Hermanns
(Hrsg.)
**Handbuch
Marketing-Kommunikation**
Grundlagen, Instrumente
und Perspektiven
1992, 1044 Seiten, 368,— DM

Manfred Bruhn
Sponsoring
Unternehmen als Mäzene
und Sponsoren
2. Auflage 1991, 501 Seiten,
68,— DM

Manfred Bruhn
Marketing
Grundlagen für Studium
und Praxis
2. Auflage 1992, 290 Seiten,
44,— DM

Heinz Dallmer (Hrsg.)
**Handbuch
Direct-Marketing**
6., völlig überarbeitete Auflage
1990, 869 Seiten, 298,— DM

Erwin Dichtl / Hans Raffée /
Michael Thiess (Hrsg.)
**Innovatives
Pharma-Marketing**
Marktorientierung als Erfolgsstrategie der 90er Jahre
2., überarbeitete Auflage 1992,
511 Seiten, 228,— DM

Ingrid G. Keller
Das CI-Dilemma
Abschied von falschen Illusionen
2. Auflage 1993, 152 Seiten,
68,— DM

Wolf W. Lasko
**Stammkunden-
Management**
Strategien zur Umsatzsteigerung
1992, 288 Seiten, 78,— DM

Arthur D. Little International
(Hrsg.)
**Management
der Europa-Strategie**
1993, 180 Seiten, 78,— DM

GABLER

BETRIEBSWIRTSCHAFTLICHER VERLAG DR. TH. GABLER, TAUNUSSTRASSE 52-54, 6200 WIESBADEN

GABLER-Fachliteratur zum Thema Marketing (Auswahl)

Marketing zwischen Theorie
und Praxis (MTP) e.V. (Hrsg.)
Marketing 2000
2., durchgesehene Auflage 1989,
394 Seiten, 68,— DM

Heribert Meffert
Marketing
Grundlagen der Absatzpolitik
7. Auflage 1989, 740 Seiten,
59,— DM

Gundolf Meyer-Hentschel
Erfolgreiche Anzeigen
Kriterien und Beispiele
zur Beurteilung und Gestaltung
2. Auflage 1992, 248 Seiten,
148,— DM

Friedrich A. Rode
**Der Weg
zum neuen Konsumenten**
Wertewandel in der Werbung
1989, 171 Seiten, 98,— DM

Klaus M. Schöttle (Hrsg.)
Jahrbuch Marketing
5. Auflage 1989, XVI, 510 Seiten,
128,— DM

Hermann Simon (Hrsg.)
Preismanagement
Analyse – Strategie –
Umsetzung
2., vollständig neubearbeitete
Auflage 1992,
850 Seiten, 198,— DM

Karl-Heinz Strothmann /
Manfred Busche (Hrsg.)
Handbuch Messemarketing
1992, 675 Seiten, 298,— DM

Karl-Heinz Strothmann /
Mario Kliche
Innovations-Marketing
Markterschließung für Systeme
der Bürokommunikation
und Fertigungsautomation
1989, XVI, 185 Seiten, 84,—

Erwin Georg Walldorf
Auslands-Marketing
Theorie und Praxis
des Auslandsgeschäfts
1987, 571 Seiten, 198,— DM

Zu beziehen
über den Buchhandel
oder den Verlag.
Stand der Angaben und Preise:
1.3.1993
Änderungen vorbehalten.

GABLER

BETRIEBSWIRTSCHAFTLICHER VERLAG DR. TH. GABLER, TAUNUSSTRASSE 52-54, 6200 WIESBADEN

If you have any concerns about our products,
you can contact us on
ProductSafety@springernature.com

In case Publisher is established outside the EU,
the EU authorized representative is:
Springer Nature Customer Service Center GmbH
Europaplatz 3, 69115 Heidelberg, Germany

Printed by Libri Plureos GmbH
in Hamburg, Germany